Die Fünf-Elemente-Küche Indiens

- Überlieferte Weisheit des Ayurveda -
Gesund und vital für mehr Lebensqualität

von
Martina Birgit Kobs-Metzger

Über die Autorin:

Martina B. Kobs-Metzger, geb. 1964, ist seit 1997 als Ayurveda Gesundheits- und Ernährungsberaterin und Autorin tätig. Ihre Grundausbildung absolvierte sie an der Européan Academy of Ayurveda, Birstein, der einige Fortbildungen an der Akademie für Komplementärmedizin in Bad Homburg und weitere folgten.
Weitere Informationen über die Autorin finden Sie im Internet auf ihrer Homepage oder am Ende dieses Buches:
www.vital-centrum.com
www.ayurveda-kochen.de
www.ayurveda-kochschule.de

ISBN 978-3-89094-544-6

Inhaltsverzeichnis

Ayurveda – Einführung in die Fünf-Elemente-Küche Indiens

Die indische Lehre Ayurveda – das Wissen von „langem und gesundem Leben – erlebt im Westen einen großen Boom. Als lecker und wohltuend werden Kochkunst und Ernährung empfunden. Sich nach einem Essen leicht, wach und angenehm gesättigt zu fühlen, sind nur einige der positiven Wirkungen. Unkompliziert und leicht lassen sich die Empfehlungen des Ayurveda im Alltag umsetzen und so in das eigene Leben integrieren, um sich wohler zu fühlen.

Sowohl die richtige Kombination der Nahrungsmittel als auch das optimale Verdauen der Speisen sind zentrale Themen dieser Lehre und unterstützen unsere Körperfeuer, die für unsere Gesundheit verantwortlich sind. Caraka, ein Gelehrter etwa 500 v. Chr., schreibt hierzu:

„Lebensspanne, Komplexion, Stärke, Gesundheit, Begeisterung, Korpulenz, Glanz, Immunität, Energie, Hitzeprozesse und der Lebenshauch – all diese Qualitäten sind vom Körper-Feuer abhängig. Erlischt dieses Feuer, stirbt man; ist das Feuer funktionell gestört, sind Krankheiten die Folge; brennt es regelrecht, steht einem langen, beschwerdefreien Leben nichts im Wege. Somit lässt sich Agni als grundlegende Ursache für Gesundheit, Krankheit und Tod definieren." (Dieses Zitat wurde von Ralph Steuernagel, HP übersetzt.)

Frische, mit Liebe und der Kraft der Gewürze zubereitete Gerichte sind im täglichen Speiseplan nach Ayurveda maßgebend. Was vor Tausenden von Jahren praktiziert wurde, ist heute wieder modern – viele Ernährungsformen heben Wert und Bedeutung frischer Nahrungsmittel hervor. Nur sie liefern dem Körper notwendige Vitalstoffe, Energie und Kraft. Und auch Gewürze und Kräuter finden wieder ihren Eingang in unsere Küche.

Was die fünf Elemente-Küchen Asiens ausmachen, ist die Betrachtungsweise der Nahrung nach ihrer Energetik. Eigenschaften, Thermik und Geschmacksrichtungen dessen, was wir aufnehmen, verwöhnen den Gaumen und haben einen Einfluss auf Geist, Körper, Seele und Sinnesorgane. In diesem Buch wird deshalb Nahrung nicht nur nach den drei Doshas klassifiziert, sondern nach Eigenschaften, Wirkung und Geschmacksrichtung.

Ebenso wichtig ist die geeignete Kombination der Nahrungsmittel, denn z. B. Kohlenhydrate mit Banane zu kombinieren ist nach dem Ayurveda eine schwer verdauliche Speise, die bei einem schwachen Körperfeuer zu Problemen oder Unwohlsein führen kann. Wenn bei der Zubereitung die Regeln ungeeigneter Nahrungsmittelkombinationen eingehalten werden, dann sind Speisen leichter zu verdauen und eine wahre „cuisine vitale".

Ebenso hilfreich ist jahreszeitlich aktuelles Gemüse und Obst Ihrer Region zu konsumieren. Denn ein wichtiges Prinzip im Ayurveda ist es, die regionale Küche einer exotischen vorzuziehen. Viel Spaß und Freude bei der Umsetzung alter Weisheiten in unserer modernen Zeit. Ich wünsche Ihnen viel Erfolg....

Theorie

Ayurveda – das uralte Wissen in einer modernen Zeit

Früher, vor Tausenden von Jahren, war das „Wissen vom langen und gesunden Leben" eine mündlich überlieferte Tradition und wurde später in Schriften – den Veden – festgehalten. Das Wort Ayurveda setzt sich aus den Worten „Ayus" (Leben) und „Veda" (Wissen) zusammen.

Als ganzheitliche Weltanschauung betrachtet die Lehre den Menschen als Mikrokosmos, in dem die gleichen Gesetze wie im Makrokosmos gelten. Körper, Geist, Seele und Sinnesorgane bilden eine individuelle Einheit mit ganz unterschiedlichen Bedürfnissen. So sind Verallgemeinerungen, wie zum Beispiel „Butter ist für den Körper ungesund" oder „Rohkost ist gesund" tabu. Im Ayurveda werden sowohl Wirkung als auch Verdauung einer Nahrung auf den Einzelnen beobachtet und unterschieden: Was dem einen gut tut, kann für einen anderen unzuträglich sein. Swami Anubhavananda, ein Lehrer aus Indien, erzählte einmal in einer Vorlesung, dass er jahrelang unter einem unerklärlichen Husten mit Schleimauswurf litt. Er wanderte von einem Arzt zum nächsten und bekam die unterschiedlichsten Tabletten und Anwendungen verordnet, die aber nicht halfen. Eines Abends stellte er erstaunt fest, dass die Symptome ausblieben und er fragte sich, was heute anders war. Schließlich stellte er fest, dass er an diesem Tag keinen Reis gegessen hatte, so wie er es sonst gewohnt war. Seither ersetzt er Reis durch andere Getreidesorten und hat keinerlei Beschwerden mehr.

Der Ayurveda ist sich der unterschiedlichen Wirkung von Nahrung und Lebensweise auf Körper, Geist, Seele und Sinnesorgane bewusst. Deshalb finden wir in dieser Lehre eine Einteilung der Menschen in sogenannte Typen. Die Basis der Typenlehre bilden die fünf Elemente mit ihren Eigenschaften und Geschmacksrichtungen. Diese Einteilung gibt dem Einzelnen eine Richtung und die Möglichkeit heraus zu finden welche Nahrungsmittel und Lebensweise seine Gesundheit fördern und welche nicht.

Die fünf Elemente

Die fünf Elemente sind universell und in vielen Kulturkreisen (Aborigines, Indianern, Chinesen, Hildegard von Bingen etc.) zu finden. Swami Nityamuktananda beschreibt die fünf Elemente in den einzelnen Kulturen sehr ausführlich. Auch in der indischen Lehre bilden Äther, Luft, Feuer, Wasser und Erde die strukturelle Basis und werden durch Wechselwirkungen mit der kosmischen Lebensenergie aus aktiver und passiver Energie ins Leben gerufen. Wenn diese Lebensenergie in Schwingung gerät und sich mit Materiepartikeln verbindet, entsteht nach einigen Zwischenstufen aus dieser Interaktion das Ätherelement, worauf sich die anderen Elemente entwickeln können.
So entwickelt sich aus der Bewegung von Äther Luft, die Reibung von Luft bringt Hitze und damit verbunden Feuer hervor, Feuer verflüssigt Materie und durch das Verdunsten von Wasser entsteht das Erdelement. Die fünf Elemente sind in allem existent und so ist jeder und alles eine Zusammensetzung der fünf Elemente. Unterschiede entstehen durch die verschiedenen Mischungsverhältnisse.

Äther

Äther ist über unseren Hörsinn als Klang wahrnehmbar. Klang wird durch Schall übertragen, der sich von einem Punkt zu einem anderen bewegt. Zwischen diesen Punkten befindet sich Raum; dieser ist das Prinzip des Ätherelementes. Überall dort wo sich Hohlräume befinden, herrscht Äther vor, wie z. B. im Hohlraum der Paprika, dem Stiel der Schafgarbe, in unserem Körper in der Nase, den Atmungsorganen im Mund, Bauch, Brustkorb, Magen-Darm-Trakt und den Zellzwischenräumen. Äther ist das feinstofflichste der fünf Elemente und ist auf der psychischen Ebene für unser Gefühl von Raum, Frieden und Freiheit zuständig. Im Übermaß führt das Element zu einem Gefühl von nicht-geerdet-sein, Leere, Sorgen, Traurigkeit, Nutzlosigkeit, Unsicherheit und Mangel. Ausgleichen können wir Äther durch Düfte, Kräuter, Farben, Mantras und Mudras.

Luft

Luft ist bewegte Energie innerhalb des Raumes. Das Luftelement ist schnell, ruhelos und befindet sich wie der Wind in ständiger Veränderung. Einerseits schafft dieses Element Bewegung, andererseits bringt Bewegung Luft hervor. Luft wird über die Lunge ein- und ausgeatmet. Sie ist verantwortlich für alle körperlichen Funktionen und leitet die meisten biologischen Umwandlungen ein. Luft bewegt sowohl Stoffe als auch Abläufe. So finden wir dieses Element in den größeren Bewegungen der Muskulatur, dem Blut- und Lymphkreislauf, dem Herzschlag sowie den Bewegungen der Magenwand und des Darmes. Außerdem aktiviert Luft unsere Sinne, das motorische Nervensystem und den Geist. Luft nehmen wir über unser Fühlen bzw. unseren Tastsinn wahr.
Ist das Luftelement im Gleichgewicht, werden Verstand, Kreativität, Vitalität, Unterscheidungsvermögen, innere Freiheit und Selbstverwirklichung gefördert. Störungen treten in Form von Stauungen, Blockaden oder Fehlkommunikation auf. Unterschied-

lichste Ängste, ebenso Misstrauen, allgemeine Negativität, ein starker Hang zu materiellem oder eine analytische Veranlagung können entstehen. Bei zu viel Luft laufen wir auf Hochtouren – geistig, beim Sprechen und Verdauen. Ausgleichen lässt sich ein Zuviel an Luft durch Ruhe und Ordnung.

Feuer

Die Bewegung der Luft erzeugt Reibung, wodurch sich Hitze bildet und das Feuerelement hervorkommt, welches Sie sehen können. Feuer ist eine umwandelnde Energie und gibt einer Substanz Form. Selbst ist das Feuer jedoch physisch formlos.
Feuer regelt unsere Körpertemperatur und hat eine enge Verbindung zu unseren Verdauungsprozessen. Führen wir unserem Körper Nahrung zu, brennt es und nährt das Hauptkörperfeuer (siehe dazu auch ‚Agni – das Körperfeuer' auf Seite 23), welches wiederum alle anderen Körperfeuer versorgt. Die richtige Menge an Feuer ist notwendig, um problemlos und gut zu verdauen. Haben wir zu wenig Feuer, dann liegen Speisen wie ein Stein im Magen und Unverdautes wird in Form von Schlacken abgelagert. Bei einem zu viel des Elementes durchläuft die Mahlzeit die Verdauungsorgane zu schnell oder der Darm neigt zu Entzündungen. Das Feuer erlischt, wenn ihm zu verbrennende Nahrung fehlt. Ohne Nahrung als Brennstoff verliert das Feuer seine Kraft und kann nicht am Leben erhalten werden.
Über das Blut wird Feuer im ganzen Körper verteilt und wärmt uns. Eine Eigenschaft, die uns z. B. mit Fieber hilft auf Krankheiten und Infektionen zu reagieren. Feuer kann uns somit erhalten, aber auch zerstören.
Haben wir genügend Feuer, dann glänzen unsere Augen, wir sind intelligent, aufmerksam, voller Verständnis und sinnlich veranlagt.
Bei zu viel Feuer neigen wir zu Zorn, Hass, Leidenschaften, Begierden, Ungeduld, Reizbarkeit, Missbrauch von Macht, Konkurrenzdenken und übermäßigem Hunger und Durst. Magenbeschwerden, erhöhter Blutdruck und andere Verdauungs- und Bluterkrankungen können auftreten. Dann helfen uns Kühle und Feuchtigkeit ein Zuviel dieses Elementes zu harmonisieren.

Wasser

Die erhitzende und dadurch verflüssigende Energie des Feuers erzeugt das Wasserelement. Das zugehörige Sinnesorgan von Wasser ist der Geschmackssinn. Wasser ist ein fließendes, unbeständiges Element und spendet uns Leben. Wir finden Wasser in den unterschiedlichsten Flüssigkeiten unseres Körpers: Zellplasma, Speichel, Lymphe, Urin, Sperma, hormonalen und reproduktiven Flüssigkeiten und Verdauungssäften. Ist das Wasser in uns rein, dann ist das Leben problemlos und voller Freude. Bei Unreinheit werden das Immunsystem, das Zellplasma und vor allem die Nieren beeinträchtigt.
Ein ausgeglichenes Wasserelement bringt uns geistige Klarheit, Vertrauen in den Fluss des Lebens, Zufriedenheit, Liebe, Mitgefühl und die Möglichkeit, Dinge und Geschehnisse objektiv zu betrachten.

Ein Überschuss führt zu Schwellungen, Wasseransammlungen, Schweregefühl in den Gliedmaßen, vermehrtem Speichelfluss und Schleimbildung. Hier hilft uns Trockenheit und Wärme.

Erde

Wasser hat die Eigenschaft zu verdunsten, so dass als feste Materie das Erdelement entsteht. Erde können wir riechen. Das Erdelement ist das dichteste in dem Entstehungsprozess der fünf Elemente. Daher ist dieses Element für den materiellen Aufbau und das Wachstum unseres Körpers verantwortlich. Das Erdelement formt Knochen, Zähne, Knorpel, Muskeln, Sehnen, Nägel, Fäkalien, Gedärme und den Hals. Es gibt uns Dichte und Form und lässt unsere Haare, Haut, Knochen, Nerven, Arterien sowie unsere Venen wachsen. Auf der psychischen Ebene ist Erde für unseren inneren Reichtum und das Gefühl unserer inneren Sicherheit zuständig. Haben wir genügend Erde, dann sind wir stark und ausdauernd. Fehlt uns Erde, fühlen wir uns wenig standfest und unsicher und Ängste treten auf. Bei zu viel fühlen wir uns kalt, starr, unbeweglich und schwer. Wir sind langsam, Veränderungen fallen schwer und wir neigen dazu, Routinehandlungen zu wiederholen. Haben wir zu viel Erdelement, dann sollten wir uns mehr bewegen und Nahrung mit trockenen, leichten und wärmenden Eigenschaften bevorzugen.

Elemente – ihre Eigenschaften und Wirkung

Jedes Element ist in allem existent und nur die Mischungsverhältnisse sind unterschiedlich. Anhand des Beispiels von Nahrungsmitteln heißt das, das eine Gurke alle fünf Elemente enthält, aber Wasser- und Erdelement stärker vertreten sind als Luft- und Ätherelement. Beim Blumenkohl ist das genau umgekehrt. Hier ist mehr Äther- und Luftelement als Wasserelement vorhanden. Ein Element erkennen wir an seinen Eigenschaften. Beim Aussuchen der Nahrungsmittel und auch unserer Lebensweise beachten wir folgende Regel: Gleiche Elemente verstärken und gegensätzliche schwächen sich.

Element	Prinzip	Eigenschaft	Wirkung
Äther	Raum	leer, leicht, subtil, klar, glatt, reglos, durchdringend, formlos	macht den Körper porös, fördert seine Leichtigkeit und Weichheit
Luft	Bewegung, Transport	beweglich, leicht, klar, subtil, kalt, rau, trocken, durchdringend	verstärkt alle Arten von Bewegung im Körper, macht ihn trocken, leicht und nicht klebend
Feuer	Umwandlung	heiß, leicht, nicht schleimig, trocken, klar, hart, subtil, beweglich, scharf, penetrierend	erhält die Wärme des Körpers, versorgt einzelne Körperteile und gibt ihm Schönheit
Wasser	Verbindung	flüssig, kalt, weich, langsam, feucht, träge, statisch, trüb, glatt, schwer, grob	macht den Körper klebrig, dicht, befeuchtet, baut ihn auf, bindet, erweicht das Gewebe
Erde	Festigkeit	schwer, solide, dicht, fest, träge, kalt, trocken, hart, grob, unbeweglich	stärkt den Körper, macht ihn kompakt, fest, hart, gibt ihm Form und Halt

Die drei Doshas

Die Doshas repräsentieren die Elemente und deren Eigenschaften im Körper. Sie regeln dessen Abläufe. In jedem Menschen treten sie auf unterschiedlichste Weise zutage. Drei Doshas sind zu unterscheiden: Vata, Pitta und Kapha.

- Äther und Luft repräsentieren das Vata-Dosha
- Feuer und wenig Wasser das Pitta-Dosha
- Wasser und Erde das Kapha-Dosha

Vata steuert Bewegungsabläufe des Herzens, Kreislaufs und zentralen Nervensystems und die beiden anderen Doshas. Außerdem hat Vata die Tendenz, den Körper abzubauen und ist das feinstofflichste und mobilste Dosha.

Pitta ist für unseren Hunger, Durst und unsere Körpertemperatur verantwortlich und regelt unseren Stoffwechsel. Von seiner Stofflichkeit ist das Pitta-Dosha das mittlere.

Kapha gibt unserem Körper Form und Halt und bildet unser Skelett. Zudem ist es für unsere Körperflüssigkeiten verantwortlich. Die Kraft dieses Dosha baut den Körper auf und ist für sein Wachstum zuständig.

Sind die Doshas im Ungleichgewicht, dann sprechen wir vom Zuviel eines Dosha, was die Abläufe im Körper stören kann. Bei Vata heißt das z. B., dass wir zu viel Bewegung in Geist und Körper haben.

Vata-Dosha

Vata, das feinstofflichste Dosha, ist für Bewegungsabläufe im Körper verantwortlich. Seine Elemente sind das Äther- und Luftelement und wir finden bei Vata Eigenschaften wie: fein, leicht, subtil, trocken, kalt, rau, beweglich, wenig nahrhaft und klar. Der bittere, scharfe und adstringierende/herbe Geschmack erhöhen Vata.

Vata steuert unseren Blutkreislauf, Tastsinn, unsere Atmung, Gefühle, Ausscheidung, Sprache, Empfindungsfähigkeit und unser Gehör.

Ist Vata im Gleichgewicht, dann sind wir kreativ, flexibel, leicht, glücklich und voller Freude. Bei einer Störung treten Furcht, Nervosität, Angst und Zittern auf.

Pitta-Dosha

Pitta ist von seiner Stofflichkeit das mittlere der beiden Doshas und für unseren Stoffwechsel und Wärmehaushalt zuständig. Seine Elemente sind das Feuer- und wenig Wasserelement. Pitta ist im wahrsten Sinne des Wortes feurig. Seine Eigenschaften sind heiß, scharf, penetrierend, nicht schleimig, leicht fettig/ölig, hell, beweglich, sich gut verteilend, flüssig und schlecht riechend. Scharf, sauer und salzig sind die Geschmacksrichtungen, die Pitta erhöhen. Ein Mensch mit dieser Konstitution sollte diese Geschmacksrichtungen vorsichtig dosieren. Bei bekannten Pitta-Beschwerden sind scharf und sauer sehr stark zu reduzieren und salzig darf ebenso nur in Maßen zu sich genommen werden, denn sonst kann ein Pitta für seine Umgebung zu einem wahren Feuerball werden.

Pitta regelt unseren Hunger und Durst und nährt unser Verdauungsfeuer. Ist Pitta im Gleichgewicht, dann sind wir gut konzentriert, sprechen klar, sind mutig und stark. Wir haben eine lebendige Ausstrahlung und sind herzlich und gütig. Bei einer Störung sind wir fordernd, ärgern uns schnell und regen uns ständig auf.

Kapha-Dosha

Kapha repräsentiert die Elemente Wasser und Erde. Seine Eigenschaften sind schleimig, ölig, langsam, träge, schwer, kalt, unbeweglich, statisch, stabil und starr. Geschmacksrichtungen, die sich auf das Kapha-Dosha auswirken und es erhöhen sind süß, sauer und salzig.
Bei einem ausgeglichenen Kapha sind wir stabil, wohlproportioniert, schön und vergebend, haben viel Geduld, eine gute Selbstkontrolle, lang dauernde Beziehungen, ein gutes Immunsystem, sind pflichtbewusst und aufrichtig. Ein Zuviel führt zu Trägheit, Gleichgültigkeit, Geiz, Dumpfheit und Übergewicht, fettiger Haut, Allergien und langsamer Verdauung.

Die Balance der Doshas

Die individuelle Balance der Doshas ist wichtig für unser Wohlgefühl. Dieses Gleichgewicht haben wir zur Zeit der Geburt. Alle vorgeburtlichen und Einflüsse bis zum Zeitpunkt der Geburt prägen den Grundkonstitutionstyp. Im Laufe unseres Lebens verschiebt sich das Gleichgewicht je nach Ernährung und Lebensweise, sozialem Umfeld, Wohnort und weiteren äußeren Einflüssen. Deshalb wird im Ayurveda in der Regel zwischen der Grundkonstitution und dem momentanen Zustand der Doshas unterschieden.
Vorkommende Störungen der Doshas zeigen sich immer in einem Zuviel eines oder mehrerer Doshas, was dazu führen kann, dass wir uns unwohl fühlen. Je länger die Störung eines Dosha anhält, desto länger brauchen Sie, um das Gleichgewicht wieder herzustellen. Jahrelang falsch ausgeübte Gewohnheiten müssen verlernt und neue eingeübt werden. Daher empfiehlt es sich, so früh wie möglich zu beginnen, entsprechend Ihrer Konstitution zu essen, zu leben und Disharmonien auszugleichen.

Eigenschaften der Nahrungsmittel (Gunas) und Wirkung auf die Doshas

Zu beachten ist: Gleiche Eigenschaften verstärken und gegenteilige schwächen sich.
Der Ayurveda unterscheidet zwanzig Eigenschaften (Gunas) von Nahrungsmitteln mit Wirkungen auf die Elemente und deren Doshas im Körper. Diese können Sie folgender Tabelle entnehmen. Gegensätzliche Eigenschaften sind in dieser Tabelle gegenübergestellt. Außerdem finden Sie zu jeder Eigenschaft die zugehörigen Elemente und jeweiligen Doshas.

Eigenschaft	Elemente	Dosha		Dosha	Elemente	Eigenschaft
weich	Äther Wasser	Vata Kapha		Kapha	Erde	hart
leicht	Luft Feuer	Vata Pitta		Kapha	Erde Wasser	schwer
fein feinstofflich	Äther Luft Feuer	Vata Pitta		Kapha	Erde	grob grobstofflich
glatt	Wasser Erde	Kapha		Vata	Luft	rau
beweglich	Luft	Vata		Kapha	Erde	stabil
kalt	Luft Wasser	Vata Kapha		Pitta	Feuer	heiß
trocken	Luft Feuer	Vata Pitta		Pitta Kapha	Wasser	ölig
nicht schlei- mig, klar	Feuer Erde	Pitta		Kapha	Wasser	schleimig, trüb
flüssig	Wasser	Kapha		Kapha	Erde	fest
stumpf, langsam	Wasser Erde	Kapha		Pitta	Feuer	scharf, schnell

Stellen Sie ein ayurvedisches Menü zusammen, dann sind sowohl Eigenschaften als auch Geschmacksrichtungen der Nahrungsmittel zu berücksichtigen.

Rasa – Die sechs Geschmacksrichtungen

Die Kenntnis der fünf Elemente mit ihren Eigenschaften und Wirkungen ist ein wichtiges Basiswissen im Ayurveda. Eine weitere Besonderheit der Ernährung sind die sechs Geschmacksrichtungen.
Die Geschmacksrichtungen (Rasa) haben wie die Eigenschaften unserer Nahrungsmittel einen Effekt auf die fünf Elemente des Einzelnen, weshalb sie bei der Zusammenstellung eines Menüs eine wichtige Rolle spielen.
Wer zu viele süße, salzige und saure Dinge isst, erhöht Erd-, Wasser- und Feuerelemente im Körper. Was ein wesentlicher Grund dafür ist, wie Übergewicht entsteht. Übergewichtige kennen meistens nur Nahrungsmittel mit diesen drei Geschmäckern. Um süß, salzig und sauer auszugleichen, ist es gerade für diese Menschen wichtig, ausreichend Bitterstoffe zu essen. Mit „bitter" erhöhen sich das Luft- und Ätherelement. Allerdings ist es nicht gut, bitteres nur in Form von Kaffee zu konsumieren. Denn Kaffee hat neben dem bitteren Geschmack erhitzende und damit säurebildende Eigenschaften. Zusätzlich zum Bitteren sollte Scharfes und Zusammenziehendes gegessen werden. Um eine Balance aller Elemente im Körper zu erhalten und keines zu stark zu betonen, empfiehlt der Ayurveda, mindestens einmal täglich alle sechs Geschmacksrichtungen (süß, sauer, salzig, bitter, scharf und zusammenziehend (adstringierend/herb) zu sich zu nehmen.

Geschmack Rasa	Elemente	Dosha	Eigenschaften	Lebensmittel
süß	Erde Wasser	Kapha	schwer, kühl, feucht, ölig	Sahne, Milch, Butter, süßes Obst, Getreide, Kartoffeln, gegarte Zwiebeln, Reis
sauer	Feuer Erde	Kapha Pitta	heiß, nass, schwer	Kefir, Joghurt, Essig, Rhabarber, Zitrusfrüchte, saures Obst, Sauerkraut
salzig	Feuer Wasser	Kapha Pitta	warm, feucht, schwer	Sojasoße, Miso, Salz
scharf	Feuer Luft	Pitta Vata	heiß, leicht, trocken	Kresse, Peperoni, Knoblauch, Senf, Pfeffer, Chili, rohe Zwiebeln, Rettich, Meerrettich
bitter	Äther Luft	Vata	kalt leicht trocken	Kräuter, Salate, Artischocke, Löwenzahn, Chicoree, Bockshornklee
zusammenziehend/ herb	Erde Luft	Kapha Vata	kühl leicht trocken	Gewürze, Kräuter, Spinat, Mangold, unreife Bananen, Quitten, Granatapfel, Blaubeeren, Schwarztee, herber Rotwein, Honig

Der süße Geschmack

Die Elemente des süßen Geschmacks sind Erde und Wasser und erhöhen das Kapha-Dosha. Im richtigen Maß wirkt süß nährend und aufbauend bei Schwäche und Abmagerung, belebend, macht zufrieden, vermehrt Körpermasse und festigt. Süß unterstützt Genesungsprozesse, fördert das Wachstum, beruhigt Sinne und Geist und fördert Langlebigkeit. Essen wir zu viel süßes, dann neigen wir zu Schlaffheit, Lethargie bis hin zur Fettleibigkeit. Wir sind zu schwer, schlafen zu viel, die Atmung wird erschwert, der Darm ist zu träge und eine Tendenz, Wasser im Körper zurück zu halten, tritt auf. Den Geschmack süß nehmen wir übrigens nicht nur durch Zucker und Schokolade auf. Auch Nahrungsmittel, die viele Kohlenhydrate enthalten, z. B. Brot, Nudeln etc., schmecken süß und auch Gemüse, wie z. B. Karotten, Rote Bete, Kürbis – übrigens ein hervorragender Ausgleich für Schokolade.

Der salzige Geschmack

Die Elemente des Salzigen sind, ebenso wie bei Süßem, Erde und Wasser und erhöhen das Kapha-Dosha aber auch Pitta. Ihre Eigenschaften sind scharf, flüssig, schneidend, heiß, nicht zu schwer und ölig. Wie bei allem ist das richtige Maß entscheidend: Salz erweitert die Körperkanäle, unterstützt wichtige Nervenfunktionen, macht weich, verflüssigt Schleim und fördert die Verdauung und den Appetit. Es wirkt beruhigend auf den Dickdarm und lindert Krämpfe und Schmerzen. Bei einem Zuviel an Salz verdickt und staut sich das Blut, der Blutdruck erhöht sich, ebenso werden Durst und Empfindungen von Brennen ausgelöst.

Der saure Geschmack

Die Elemente des sauren Geschmacks sind Erde und Feuer und erhöhen sowohl Kapha- als auch Pitta-Dosha. Die Eigenschaften von sauer sind leicht, heiß, feucht und ölig. Nehmen wir sauer im richtigen Maß zu uns, dann werden Appetit und Speichel angeregt. Sauer reinigt den Mund, wirkt schweiß- und verdauungsfördernd, vertreibt Blähungen und nährt alle Gewebe bis auf das Fortpflanzungsgewebe. Im Übermaß genossen verursacht Sauer ein Brennen im Körper wie im Mund, Hals, in der Brust, im Herzen, Harntrakt und in der Blase. Es kann empfindliche Zähne beeinträchtigen, Durst, Sodbrennen und Gänsehaut auslösen. Vor allem stört Sauer das Pitta-Dosha, was durch zu viel davon „verderben“ und unser Blut verunreinigen kann.

Der scharfe Geschmack

Scharf wirkt auf das Feuer- und Windelement. Vata und Pitta werden erhöht und Kapha reduziert. Leicht, heiß und trocken sind Eigenschaften von Feuer. Scharf erhöht das Körperfeuer und verbessert damit die Verdauung und Nährstoffaufnahme. Zudem werden die Nebenhöhlen befreit, die Zirkulation unterstützt und der Kreislauf gefördert. Scharf hilft Blutklumpen und Blutstauungen zu lösen, die Ausscheidung von Abfallstoffen von öliger, schweißiger und klebriger Natur und eine klare Wahrnehmung werden gefördert. Essen wir zu viel Scharfes, kann dies zu Schlaffheit, Abmagerung, Hitze-

und Durstempfindungen führen. Ebenso können Durchfall, Sodbrennen, Übelkeit, Schwindelgefühle, Zittern, Entzündungen und Schlaflosigkeit auftreten.

Der bittere Geschmack

Die Elemente des bitteren Geschmacks sind Wind und Äther. Bitter erhöht von allen anderen Geschmacksrichtungen das Vata-Dosha am stärksten, während Kapha und Pitta reduziert werden. Die Eigenschaften von bitter sind leicht, trocken und kalt. Bitter hilft den Körper zu entgiften, Krankheitserreger und Würmer abzutöten. Appetit und Verdauung werden angeregt, das Blut und der Mund werden gereinigt. Außerdem reduziert der bittere Geschmack Fett. Wollen Sie abnehmen, dann lassen Sie das Dessert weg und erhöhen die Bitterstoffe in Ihren Mahlzeiten. Zu viel des bitteren Geschmacks schwächt Plasma, Blut, Fleisch, Fett, Knochenmark und Samen und erzeugt zudem extreme Trockenheit, Auszehrung, Müdigkeit und Benommenheit.

Der herbe Geschmack

Der herbe Geschmack hat die Elemente Erde und Wind. Kapha und Vata werden somit erhöht und Pitta reduziert. Die Eigenschaften von herb sind leicht, trocken, kühl, rau und klar. Herb unterstützt die Heilung von Geschwüren und Gelenken und wirkt blutstillend. Er wirkt entzündungs- und schweißhemmend, stillt Durchfall und hat einen guten Einfluss auf Organsenkungen. Essen wir zu viel herb, dann führt dies zu Verstopfung, Blähungen, die Zirkulation wird behindert, die Kanäle werden verstopft und wir zehren aus.

Virya: Die Wirkung des Geschmacks im Verdauungstrakt

Eine weitere Möglichkeit der Differenzierung ist Virya. Hier werden Temperaturangaben wie erhitzend oder kühlend unterschieden. Die Reaktion auf erhitzende oder kühlende Substanzen ist wie bei allem individuell. So kann bei einem scharfen Essen manch einer mit Schweißausbrüchen oder einem brennenden Gefühl in Kehle und Magen reagieren. Andere nehmen ein scharfes Essen erst einige Zeit später wahr und fühlen sich angenehm erwärmt.
Süß und bitter hingegen wirken in der Regel kühlend. Und auch hier ist die Reaktion unterschiedlich. Während der eine Typ nach dem Konsum dieser beiden Geschmacksrichtungen beginnt zu frösteln und schon mal eine Jacke überzieht, wird für einen anderen ein Zuviel an Körperwärme angenehm ausgeglichen. Beobachten Sie einmal Ihre Reaktionen auf eine Geschmacksrichtung, was wirklich interessant und aufschlussreich ist.
Generell gilt: Der scharfe, saure und salzige Geschmack regen die Verdauung an und haben ein wärmendes Virya. Süß, bitter und herb sind Geschmacksrichtungen, die den Körper kühlen und die Verdauung verlangsamen.

Vipaka – die Wirkung des Geschmacks nach der Verdauung

Die sechs Geschmacksrichtungen – Rasa – werden auf der Zunge sofort wahrgenommen. Vipaka beobachtet jedoch die langfristige Wirkung einer Geschmacksrichtung. Nachdem die Nahrung komplett gespalten und aufgenommen worden ist, erfahren wir die Auswirkungen von Vipaka auf unseren Körper.

Konsumieren Sie zum Beispiel den süßen Geschmack über einen längeren Zeitraum, dann können Sie folgende Auswirkungen beobachten: Sie fühlen sich schwer und ermüden schnell. Die Verdauung verlangsamt sich, das Gewicht steigt an und Kapha-Dosha erhöht sich.

Deshalb sollten alle anderen fünf Geschmacksrichtungen in einer ausgewogenen und harmonischen Ernährung vorkommen, um ein Gleichgewicht zu schaffen und zu erhalten. Damit wird die Überbetonung und langfristige Auswirkung einer Geschmacksrichtung automatisch verhindert.

Aus den sechs Geschmacksrichtungen – Rasa – ergeben sich drei Formen von Vipaka: süß, sauer und scharf.

Rasa – Geschmack auf der Zunge	**Vipaka – Geschmack nach der Verdauung**	**Vipaka von Nahrungsmitteln**
süß	süß	Ghee, Milch, Sahne, Ahornsirup, süßes Gemüse und Obst
sauer	sauer	Limone, grüne Weintrauben, Buttermilch, Joghurt, Kefir, Hüttenkäse
salzig	süß	Miso, Salz
scharf	scharf	Rauke, Chili, Lauch, Senf, Knoblauch, Rettich, Käse
bitter	scharf	grüne Paprikaschoten, Blumenkohl, Sellerie, Brokkoli, Bockshornklee
zusammenziehend	scharf	Pickles, Okra, Mangold, Spinat, Rhabarber

Zusammenhang von Rasa – Vipaka – Virya

Rasa – Geschmack auf der Zunge	**Virya – Wirkung des Geschmacks im Verdauungstrakt**	**Vipaka – Geschmack nach der Verdauung**
süß	kühlend	süß
sauer	erhitzend	sauer
salzig	erhitzend	süß
scharf	erhitzend	scharf
bitter	kühlend	scharf
zusammenziehend	kühlend	scharf

Der Tageszeitenzyklus der Doshas

Auf die Doshas wirken sowohl innere als auch äußere Einflüsse. Eigenschaften und Geschmacksrichtungen der Nahrungsmittel sind innere, während Essensrhythmus, Tages- und Jahreszeiten, spezielle Anwendungen und unsere Umgebung als äußere Einflüsse gelten.

Der Tageszeitenzyklus der Doshas wechselt je nach Sonnenstand. Mit Sonnenaufgang (erstes Tagesdrittel) steigt das Kapha-Dosha im Körper, im mittleren Tagesdrittel das Pitta und im letzten Tagesdrittel, ab Sonnenuntergang, das Vata. Nachts ist wiederum Kapha im ersten Drittel aktiv, im zweiten Drittel Pitta und frühmorgens, im letzten Nachtdrittel, das Vata-Dosha.

Die einzelnen Phasen können sich folgendermaßen auswirken: Haben wir verpasst vor Sonnenaufgang aufzustehen, dann kommen wir auf Dauer immer schwerer aus dem Bett und wenn wir schließlich aufstehen, fühlen wir uns müde, träge und haben womöglich einen dumpfen Kopf.

Zur Mittagszeit steigt das Pitta-Dosha und wir verspüren im Normalfall Hunger. Ein Pittatyp kann in dieser Zeit durchaus gereizt reagieren, vor allem wenn er nichts zu essen bekommt.

Menschen mit viel Vata sind nachmittags am anfälligsten und in den frühen Morgenstunden. Im letzten Tagesdrittel können Vatatypen zu Unterzuckerung neigen und haben bei einer Mangelernährung dann ein ausgeprägteres Bedürfnis nach Süßigkeiten. Früh morgens äußert sich Vata dadurch, dass der Schlaf leichter wird, wir verstärkter träumen und häufiger zur Toilette müssen.

Kapha	**Pitta**	**Vata**
Sonnenaufgang, erstes Tagesdrittel	Zenit, mittleres Tagesdrittel	Sonnenuntergang letztes Tagesdrittel
Abend, erstes Nachtdrittel	Nacht, mittleres Nachtdrittel	Frühmorgen, letztes Nachtdrittel

Ein regelmäßiger Tagesrhythmus unterstützt die Balance der Konstitution und hilft uns unsere biologische Uhr zu regulieren. Verdauung und Aufnahme der Nahrung werden unterstützt und Selbstachtung, Disziplin, Friede, Glück und ein langes Leben werden gefördert.

Ayurveda empfiehlt vor Sonnenaufgang aufzustehen und sich innerlich und äußerlich zu reinigen. Daraufhin können Sie Körper- und/oder Atemübungen machen und anschließend duschen. Ideal ist, nicht direkt nach dem Aufstehen zu frühstücken, sondern ca. eine halbe bis ganze Stunde damit zu warten.

Zur Mittagszeit empfiehlt es sich, die Hauptmahlzeit einzunehmen. Die Uhrzeit kann je nach Typ variieren. Vata isst lieber früher zu Mittag, während ein Kapha länger warten kann. Essen Sie bewusst, nicht zu schnell, aber auch nicht zu langsam. Nach der Arbeit am späten Nachmittag oder frühen Abend können Sie die aktive Phase mit einem gemütlichen Spaziergang oder leichten Übungen ausklingen lassen. Abends sollten Sie zur Ruhe kommen und anstrengende Körperübungen meiden, um Vata nicht zu stark zu erhöhen. Die beste Zeit, um noch eine letzte Mahlzeit zu sich zu nehmen liegt zwischen 18 und 19 Uhr. Nach 20 Uhr sollten Sie möglichst nichts mehr essen. Für welche Zeit Sie sich entscheiden, hängt von Ihren Bedürfnissen ab. Wichtig ist, möglichst immer zur selben Zeit zu essen, damit Ihr Körperfeuer stabil und normal arbeitet.

Der Jahreszeitenzyklus der Doshas

Ebenso wie der Tageszeitenzyklus unsere Doshas beeinflusst, spielt das Wetter innerhalb der Jahreszeiten eine große Rolle.

Kapha	Spätwinter und Frühjahr	07.02. – 07.06.
Pitta	im heißen Sommer und warmen Frühherbst	07.06. – 07.10.
Vata	Spätherbst und Winter	07.10. – 07.02.

Im Winter ist ein reichhaltigeres Essen ganz natürlich. Unser Stoffwechsel und Körperfeuer arbeitet in der kalten Jahreszeit erheblich besser und dazu brauchen wir mehr Wärme. Die schwerere und fettreichere Nahrung in dieser Phase des Jahres bewirkt allerdings ein langsames Ansteigen des Kapha-Dosha. Daher ist dieses Dosha im Spätwinter und Frühjahr erhöht. Bei einem Kapha-Typ oder auch bei einem momentan erhöhten Kapha zeigen sich dann vermehrt Beschwerden wie Frühjahrsmüdigkeit, Trägheit, Schwere und Anfälligkeit für Erkältungskrankheiten. Um Kapha wieder zu besänftigen, sollte die Nahrung im Frühjahr leicht zu verdauen sein und genügend Bitterstoffe enthalten, um den Stoffwechsel anzukurbeln.
Menschen mit viel Kapha mögen am liebsten den Herbst. Denn im Herbst steigt durch die rauen Winde und sinkenden Temperaturen auf natürliche Weise das Vata-Dosha. Kapha-Menschen fühlen sich dann leichter und wohler.
Stürme und Kälte sind Einflüsse, die ein Vata-Typ wiederum nicht besonders mag. Denn sein vorherrschendes Dosha erhöht sich nun und macht sich verstärkt bemerkbar. Da Menschen mit einer Vata-Konstitution sowieso schon sehr anfällig sind, ist der Spätherbst bis Spätwinter eine unangenehme Zeit für sie. Sie beginnen zu jammern, frieren sehr leicht und schnell, verkrampfen sich und die Kälte kriecht ihnen vor allem gegen Ende einer besonders kalten und langen Wetterperiode förmlich unter die dünne Haut. Um Vata auszugleichen sind leicht verdauliche und warme Speisen zu bevorzugen. Am Besten eignen sich Suppen, Eintöpfe und Nahrung mit ausreichend Flüssigkeit und Öl. Die liebsten Jahreszeiten eines Vata sind das späte Frühjahr und der Sommer. Im Frühjahr fühlt er sich durch das höhere Kapha am stabilsten und im Sommer kann er sich wegen der höheren Temperaturen am Besten entspannen.
Was geschieht nun mit Pitta im Sommer? Eine Eigenschaft von Pitta ist heiß und durch die Wärme in dieser Zeit steigt das Pitta-Dosha, für einen Menschen mit viel Pitta also die unliebsamste Phase des Jahres. Für ihn ist die Wärme des Sommers unerträglich. Er reagiert dann schneller gereizt oder ärgerlich und schwitzt außerdem viel. Ein Pitta bevorzugt Kühle und reist gerne an Orte mit kälteren Temperaturen, die sein hitziges Temperament besänftigen. Was wiederum für Vata und Kapha unverständlich ist. Sie ziehen warme Regionen vor. Ein Zuviel von Pitta gleichen Sie mit kühlender Nahrung

und Gewürzen aus. Ein Pitta ist derjenige, der auch gut Rohkost verzehren und verdauen kann.
Äußere Einflüsse durch Eigenschaften, die in einer bestimmten Jahreszeit vorherrschen, lassen das jeweilige Dosha ansteigen. Über eine den Jahreszeiten angepasste Ernährung und Lebensweise können wir dieses Phänomen ausgleichen.

Agni – das Körperfeuer

Agni ist unser Körperfeuer. Die Qualität von Agni entscheidet über die Art und Weise, wie unser Körper Nahrung aufspaltet und in die Elemente, Doshas, Körpergewebe und Ausscheidungen umwandelt. Das Beste ist ein normal funktionierendes Agni zu haben, was heute durch die hektische Zeit und unregelmäßige Lebensweise jedoch oft nicht der Fall ist. So kann das Agni schwach, stark oder schwankend sein.
Bei einem schwachen Agni sind die Funktionen gehemmt und häufig treten Blähungen, Aufstoßen, langsame Verdauung, geistige Ermüdung oder auch schweres Erwachen auf. Hier helfen scharfe und bittere Gewürze, das Einhalten fester Essenszeiten und erst wieder zu essen, wenn die vorherige Mahlzeit komplett verdaut worden ist. In der Regel sollte zwischen den Mahlzeiten vier bis sechs Stunden nichts gegessen werden.
Das zu starke Agni ist ein Zustand angeheizter Funktion, bei dem heftiges Aufstoßen, starkes Schwitzen, Hautausschläge, Durchfall, Heißhunger und ein brennendes Gefühl im Verdauungstrakt vorkommen können. Dann werden kühlende Speisen wie Gurken oder Rohkost, Gewürze wie Koriander und Getränke mit Rosenblüten oder Rosenwasser oder warme Milch mit Ghee empfohlen. Alle sauren Speisen und scharfen Gewürze sind zu meiden.
Ein unregelmäßiges Agni ist durch seine Wechselhaftigkeit geprägt, z. B. Appetitlosigkeit folgt auf Heißhungerattacken und umgekehrt. Regelmäßige Essenszeiten sind dann Grundvoraussetzung, um Agni zu harmonisieren. Das Essen soll warm und leicht zu verdauen sein und mit nicht zu stark anregenden Gewürzen zubereitet werden. Rohkost ist zu meiden, gelegentlich kann ein Salat zur Mittagszeit gegessen werden.
Wenn sich Störungen des Agni bei Ihnen zeigen, dann sollten Sie Mühe und Aufwand nicht scheuen einen erfahrenen Ayurveda-Experten aufzusuchen, der entsprechende Kräuter, Gewürze, Nahrungsmittelkombinationen und Verhaltensweisen empfehlen kann. Bis der Körper sich dann umstellt und das Agni wieder normal funktioniert, kann es einige Zeit dauern, doch der Weg lohnt sich.

Die Konstitutionstypen

Der momentane Zustand der Doshas im Körper kann von der eigentlichen Grundkonstitution eines Menschen abweichen. Deshalb ist es gut, sich nicht zu früh auf einen bestimmten Typ festzulegen.
Sieben bzw. zehn Grundtypen werden unterschieden:

Drei Monotypen

1. Vata, 2. Pitta, 3. Kapha

Tridoshatyp

4. Vata-Pitta-Kapha (Tridosha)

Mischtypen

5. & 6. Vata-Pitta bzw. Pitta-Vata
7. & 8. Pitta-Kapha bzw. Kapha-Pitta
9. & 10. Vata-Kapha bzw. Kapha-Vata

Das dominierende Dosha wird immer zuerst genannt. Obwohl der Ayurveda Menschen in Typen einteilt, ist jeder individuell zu betrachten. Kein Vata-Pitta kann mit einem anderen Vata-Pitta Typ verglichen werden. Sie können zwar Gemeinsamkeiten der Menschen dieses Konstitutionstyps feststellen, trotzdem ist jeder einzigartig und individuell.
Die aufgenommene Nahrung soll den momentanen Zustand der Doshas ausgleichen und Ihr Wohlgefühl steigern. Ebenso wichtig ist die Lebensweise im Ayurveda, die ebenso auf den Konstitutionstyp abzustimmen ist und das Wohlbefinden unterstützt. Ziel ist, ein individuelles Gleichgewicht der drei Doshas zu erhalten und zu fördern.
Ayurveda-Gesundheitsberater, -Therapeuten und -Ärzte sind im Normalfall gut über Ernährung und Lebensweise der einzelnen Typen informiert, so dass sie je nach Ihren vorliegenden Beschwerden entsprechende Empfehlungen geben können. Ayurveda ist eine empirische Wissenschaft und deshalb gilt die Regel: Je länger ein Ayurveda-Experte nach den Prinzipien der indischen Lehre lebt, je besser er sie umsetzt und sich mit Ayurveda beschäftigt hat, desto mehr Erfahrung und Feingefühl hat er. Das ist ein weitaus wichtigeres Kriterium als die Frage, aus welchem Land er stammt.
Ansonsten ist Ayurveda ein System, das uns Selbstbeobachtung lehrt und hilft Bedürfnisse unseres Körpers, Geistes, unserer Seele und Sinnesorgane wahrzunehmen.

Die Monotypen

Vata-Konstitution

Der Vata-Typ repräsentiert die Eigenschaften von Vata. Menschen mit einem vorherrschenden Vata-Dosha verkörpern im wahrsten Sinne des Wortes den Wind. Sie sind körperlich und geistig ständig in Bewegung. Sie sind schnell und handeln, bevor sie gründlich durchdenken. Der Wind treibt Schiffe auf See voran, Vata bringt Projekte ins Leben und voran. Er schafft es, Ideen umzusetzen. Unter den Vata dominierten Menschen finden Sie wache, flexible, kreative und künstlerisch veranlagte Persönlichkeiten. Vata liebt Harmonie. Schicken Sie ihn deshalb am Besten in einen Selbstverteidigungskurs, damit er lernt sich zu wehren und sich nicht allzu viel gefallen zu lassen. Vata hat eine sehr unbeständige Energie und muss lernen damit um zu gehen, durch seinen Eifer neigt er dazu, sich zu verausgaben. Für ihn ist es wichtig, zu lernen, Pausen einzuhalten und auszuruhen, denn sein vorherrschendes Dosha hat die Tendenz, den Körper abzubauen. Daher beginnen bei ihm Alterungsprozesse früher als bei anderen, wenn er nichts dagegen unternimmt. Seine ständige Ruhelosigkeit führt dazu, dass er schneller als andere an Substanz verliert und er zu Erschöpfungszuständen neigt. Vata-Menschen sind körperlich instabil und wenig ausdauernd.

Die Körperproportionen eines Vata tendieren zu Magerkeit. Er ist entweder groß und hager oder klein und dünn, er hat kleine schmale Schultern, seine Arme und Beine sind dünn und unruhig, die Hände sind rau und trocken, die Gelenke stehen heraus, knacken oft und Adern und Venen treten hervor. Sein Gang und seine Bewegungen sind leicht und unschlüssig.

Er wird schnell nervös, irritiert und ängstlich. Er begreift rasch und vergisst aber leicht. Vata frösteln leicht und neigen zu Steifigkeit.

Folgende äußere Einflüsse lassen Vata ansteigen: Kälte und Wind, Fasten, übermäßige körperliche Bewegung und langes Aufbleiben. Außerdem verschlimmert sich Vata durch den Genuss überreifer, trockener, vorgekochter Nahrung und stopfender Substanzen. Konsumieren scharfer, zusammenziehender, bitterer, trockener, leichter oder kalter Speisen, unregelmäßige Mahlzeiten und essen, wenn die vorangegangene Mahlzeit noch nicht verdaut ist, erhöhen Vata ebenso. Im Alter, im Herbst und Winter, am Abend und im letzten Teil der Nacht steigt Vata. Das sind nur einige Beispiele von etlichen Möglichkeiten.

Sofern Vata ausgleichende und reduzierende Maßnahmen ausbleiben, kann eine Person mit einer Vata-Konstitution eine Veranlagung zu zahlreichen entsprechenden Dosha bedingten Störungen bis hin zu ernsthaften gesundheitlichen Beschwerden entwickeln. Ausgleichen lässt sich Vata durch warme, regelmäßige Mahlzeiten mit wärmenden, salzig, süß und sauer schmeckenden Gewürzen. Kalte Speisen und Getränke, extreme Kälte und Eis sind zu meiden. Ebenso rohe, kalte Nahrungsmittel und Kohlgewächse sollten aus dem Speiseplan gestrichen werden, da die Verdauungsenergie von Vata durch seine unruhige Lebensweise häufig geschwächt oder sehr wechselhaft ist.

Stattdessen wird ein Essen mit ausreichend Flüssigkeit in Form von Suppen, warmen Getränken und Reis mit Öl oder Butter empfohlen. Die einzige Hülsenfrucht, die Vata gut verträgt, ist die halbierte Mungobohne (Mungdal). Warme Milch wirkt ebenfalls sehr positiv auf Vata und hat einen beruhigenden Effekt. Hier sollten sie darauf achten, dass die Milch nicht homogenisiert ist. Denn durch reichhaltiges Trinken homogenisierter Milch können sich die gespaltenen Fettkügelchen an den Gefäßwänden ablagern. Parallel zur richtigen Ernährung sind für Vata Ordnung und Stabilität im Leben wichtig. Ebenso vorteilhaft sind eine sichere, ruhige und geborgene Umgebung, ausreichend Schlaf, Ruhe und entspannende Aktivitäten. Tai Chi, Yoga und Übungen zur Stressbewältigung helfen einem Vata, mit seiner Tendenz zu Nervosität und seiner Neigung zu verkrampfen besser zurecht zu kommen.

Pitta-Konstitution

Pitta-Typen sind aufgrund der Eigenschaften des Pitta-Dosha hitzig orientierte Menschen. Sie zeigen gerne ihre Macht, sind Kämpfernaturen, perfektionistisch veranlagt, sehr entscheidungsfreudig, haben eine große Energie und gute Willenskraft. Ihre Verdauung funktioniert sehr gut, denn Pitta ist für die Umwandlung in unserem Körper zuständig. Durch die Hitze seines Dosha verträgt ein Pitta keine heiße Nahrung und Wetter. Außerdem schwitzt er sehr schnell, weshalb er eine besondere Vorliebe für kühlere Temperaturen hat. Besonders auffällig ist das Ess- und Trinkverhalten eines Pitta. Sie haben oft großen Durst und Hunger und konsumieren reichlich. Auf der anderen Seite setzen Sie große Mengen an Urin und Stuhl ab.
Ein gut entwickeltes Pitta bringt uns zum Strahlen und Leuchten und lässt unsere Haut glänzen. Der Körper eines Pitta ist mittelmäßig stark gebaut und meist athletisch geformt. Seine Hände und Füße sind warm, feucht und weich, die Gelenke sind locker, gut zu bewegen und weich. Er tendiert zu einem heißen Gesicht und empfindlichen Organen und hat einen Hang zu Leberflecken, Sommersprossen und Pickeln. Pitta bekommen früh Falten, die Haut neigt zu Irritationen, ihr Haar ergraut früh und fällt vorzeitig aus. Zudem neigen Sie zu Körper- und Mundgeruch und Verletzungen. Das Pitta-Dosha eines Menschen ist besonders in der Lebensmitte, während der Pubertät, zur Mittagszeit und im Sommer stark ausgeprägt.
Ausgleichen lässt sich dieses Dosha durch süße, bittere, zusammenziehende und kühlende Speisen. Hierzu zählen unter anderem Milch, Basmatireis, Weizen und Gerste, Gurken und Rosenwasser. Als Gewürze können Pitta sehr gut Koriander, Kardamom, Kurkuma (Gelbwurzpulver), Pippali und kleine Mengen schwarzes Steinsalz vertragen. Knoblauch und sehr Scharfes sollten sie nur sparsam verwenden. Sehr fette und schwere Kost sind ebenfalls nicht zu empfehlen und stattdessen sind frisches Obst und Gemüse vorzuziehen. Ganz hervorragend sind Bohnen, die einen kühlenden, schweren Charakter und süßlichen-zusammenziehenden Geschmack haben. Dagegen werden rote Linsen auf Grund ihrer wärmenden Eigenschaft schlechter vertragen. Als Geschmacksrichtungen werden vor allem der bittere Geschmack empfohlen, den Sie in Brunnenkresse, Löwenzahn, Chicorée und dunkelgrünen Salaten finden. Aber auch der süße und zusammenziehende Geschmack ist für Pitta gut und wirkt ausgleichend auf sein Dosha.

Wohltuend ist für Pitta ausreichend Sport zu treiben und sich viel in frischer Luft aufzuhalten. Das hilft ihm sich ab zu reagieren.

Kapha-Konstitution

Kapha Menschen haben einen kompakt gebauten, stabilen Körper und gut ausgebildete Organe. Der Körperbau ist mit einer guten Menge an Fettpölsterchen ausgestattet, die die Organe schützen. Sie wirken kräftig, gedrungen und schwer. Sie haben eine helle und auch im hohen Alter noch jung aussehende Haut mit wenig Falten. Ihr Gesicht ist ölig und breit und die Lippen sind ölig, feucht, fest und glatt.
Ihre Schwere lässt sie häufig phlegmatisch wirken. Sie handeln eher zögerlich. Veränderungen fallen ihnen schwer und sie lieben ihre Gewohnheiten. Auf der anderen Seite bewegen sie sich sicher und sie besitzen fest verbundene starke Bänder. Ihre Gangart ist schwer und sie treten mit der ganzen Fußsohle auf. Sie sind mit einem guten Durchhaltevermögen und guter Ausdauer gesegnet. Kapha-Typen sind sehr liebevolle, mitfühlende, entspannte, langsame Menschen und haben ein gutes Gedächtnis. Trotz ihres starken Körpers und ihrer großen Vitalität treiben sie ungern Sport. Sie bewegen sich nicht gern und haben wenig Unternehmungsgeist. Kapha sind schwer zu irritieren und besitzen große Widerstandskraft. Sie sind langsam beim Handeln und Essen und brauchen länger um etwas zu Verstehen. Dafür können Sie sich Dinge lange behalten und vergessen nie.
Kapha-Typen sind wie Vata von kalter Natur, jedoch frieren Sie nicht so schnell wie Vata-Typen. Sie haben einen regelmäßigen Appetit und Durst, aber eine langsame Verdauung. Kapha kann sehr gut eine Mahlzeit ausfallen lassen und arbeiten ohne zu essen. Sie erfreuen sich eines langen Lebens, da sie weniger schnell verbrennen als die beiden anderen Dosha-Typen. Ihre Schweißabsonderung ist ebenfalls gering. Kapha verleiht den Menschen klare Augen, ein klares Gesicht und einen klaren Teint. Das Kapha-Dosha ist für den Körperaufbau, Fetthaushalt und Bindekräfte zuständig.
Kapha erhöht sich durch schwere, ölige, fette Kost und süße, salzige und saure Nahrung. Langes und häufiges Sitzen, wenig Bewegung und Tagträumerei fördern ebenso Kapha. Von den biologischen Zeiten finden wir viel Kapha im Kindesalter, am Morgen, im Frühling und in der frühen Nacht.
Wenn wir zu viel Kapha haben sind wir schläfrig veranlagt, haben einen süßen Geschmack im Mund, ein Gefühl von Kälte und Schwere in uns und wir fühlen uns geistig und körperlich abgespannt, schlaff und niedergedrückt. Wir neigen zu Gewichtszunahme, Wasseransammlungen und Erkältungskrankheiten. Dann empfiehlt sich durch anstrengendere Bewegungen und bittere, scharfe, zusammenziehende Nahrung sowie leichte Kost Kapha zu reduzieren, um wieder ein Gleichgewicht herzustellen.

Test, den Konstitutionstyp festzustellen

Vata	Pitta	Kapha
Groß und hager oder klein und zierlich	Mittlere, athletische, wohlproportionierte Erscheinung	Kräftiger Körperbau, kompakt, stabil
Leichter Knochenbau, feingliedrig	Mittelstarker Knochenbau	Schwerer Knochenbau, kräftig
Nimmt schwer zu	Nimmt je nach Wille leicht zu oder ab	Nimmt schnell zu und hat Probleme wieder abzunehmen
Hat kalte Hände und Füße; schwitzt wenig, Schweiß ist geruchlos	Warme Hände und Füße, sind gut durchblutet, schwitzt schnell, Schweiß riecht.	Kühle Hände und Füße, schwitzt in Maßen, Schweiß hat süßlichen Geruch
Trockene, dünne, raue, kalte Haut	Fettig, ölige Haut	Dicke, kühle, weiche, glatte, feinporige Haut
Dunkler Teint, bräunt leicht	Helle Haut, bekommt schnell Sonnenbrand	Bräunt langsam, Haut bleibt länger kühl
Trockene, störrische Haare, Spliss anfällig	Feine, leicht fettende Haare, mit einem Rotstich oder frühem ergrauen	Dicke, wellige, leicht fettige Haare
Stimme ist schwach	Stimme klingt scharf	Stimme klingt voll und resonanzreich
Unregelmäßiger Appetit und Durst. Vergisst zu trinken oder zu essen, was ihm nicht gut tut.	Großer Appetit und Durst, isst und trinkt häufig. Gereizt, wenn eine Mahlzeit übergangen wird.	Wenig, aber regelmäßiger Appetit und Durst. Kann Mahlzeiten ohne körperliche Probleme ausfallen lassen, wenn es sein muss. Isst gerne.
Isst gerne Zwischendurch und nascht gerne.	Isst gerne Eiweiß.	Isst gerne fett- und stärkehaltige Nahrung und oft zu viel.
Unregelmäßiger Stuhlgang, mit Tendenz zu Trockenheit und Härte	Regelmäßiger Stuhl, weich, ölig und locker	Regelmäßiger Stuhl, wenig, dick und schwer
Unregelmäßige Verdauung, neigt zu Blähungen/ Gasbildung	Gute Verdauung	Gute, aber langsame Verdauung.
Krankheiten sind nervös-/ Stress bedingt, scharfer Schmerz oder Verdauungsprobleme.	Krankheiten werden häufig von Fieber, Ausschlag, und Entzündungen aller Art begleitet.	Bei Krankheiten treten stärkere Schleimbildung und das Zurückhalten von Flüssigkeiten auf.
Abneigung gegen Routine, liebt Spontaneität	Mag Routine, wenn er selbst darüber bestimmen kann	Liebt Routine und mag keine Spontaneität

Erledigt Dinge schnell.	Bestimmt sein Tempo gerne selbst.	Lässt sich gerne Zeit, um Dinge zu erledigen.
Bewegt sich gerne bis hin zu Ruhelosigkeit.	Liebt Sport, auch Wettkämpfe.	Liebt Entspannung und bewegt sich nur, wenn er unbedingt muss.
Leicht vergesslich. Versteht schnell.	Gutes Gedächtnis, je nach Wille schnelles oder langsames Verstehen.	Sehr gutes Gedächtnis, kann sich Dinge lange behalten. Versteht nur langsam.
Handelt bevor er denkt.	Handelt zielgerichtet.	Denkt bevor er handelt.
Sehr kreativ in allen Lebensbereichen	Führt und leitet gerne. Kann zu Kritiksucht und Ungeduld neigen.	Organisiert und plant gerne. Ist ruhig und geduldig.
Liebt Musik, Poesie, Reisen, Wandern, Tanz und Spiel.	Liebt Sport, Jagen und Politik. Diskutiert gerne.	Mag gerne Wassersport.
Macht sich schnell Sorgen und ist ängstlich.	Reagiert oft ärgerlich oder unzufrieden.	Versucht schwierigen Situationen aus dem Weg zu gehen.

Kreuzen Sie möglichst schnell ohne lange nachzudenken die Eigenschaften an, die am ehesten auf Sie zutreffen. Danach zählen Sie die Punkte für Vata zusammen und das gleiche für Pitta und Kapha. Die höchste Punktzahl bestimmt Ihr momentan vorherrschendes Dosha. Haben Sie bei zwei Doshas gleich viel oder eine ähnlich hohe Punktzahl, dann liegt ein sogenanntes Mischverhältnis vor z. B. Vata-Pitta. Um ein Mischverhältnis auszugleichen, empfiehlt sich bei einem Vata-Pitta eine Kapha betonte Lebensweise und eine leicht zu verdauende Ernährung.
Die Grundkonstitution wird mit dem Zeitpunkt der Zeugung und Geburt festgelegt. Ebenso prägen Faktoren wie Ort, gesundheitlicher Zustand der Eltern u.a. die Konstitution mit. Im Laufe der Jahre kann sich die Grundkonstitution durch äußere und innere Einflüsse wie Umwelt, Nahrung und Lebensweise verändern. Dadurch ist es für Laien schwierig, den tatsächlichen Konstitutionstyp selbst zu bestimmen. Sind Sie sich unsicher welchem Konstitutionstyp Sie entsprechen oder ziehen Sie eine fachkundige Beratung einer Selbstanalyse vor, dann empfehle ich Ihnen einen Ayurveda-Ernährungsberater, -Therapeuten oder -Arzt in Ihrer Umgebung aufzusuchen, dem Sie vertrauen. Adressen finden Sie im Internet auf dem Ayurveda-Portal, im Ayurveda-Journal oder erhalten Sie über den Verband Europäischer Ayurveda Therapeuten.

Empfehlungen zum Ausgleich der Jahreszeiten oder eines erhöhten Dosha

Frühjahr/Besänftigen von Kapha

Um die Schwierigkeiten von Schwere und Trägheit im Spätwinter bis zum Frühjahr oder ein erhöhtes Kapha-Dosha auszugleichen und die Verdauungskraft zu stärken, empfiehlt der Ayurveda leichte und trockene Mahlzeiten mit bitteren, scharfen und herben Elementen. Reduzieren Sie zu viel süße, salzige und saure Speisen. Auch eine zu große Essensmenge ist in dieser Jahreszeit nicht förderlich. Hören Sie auf, bevor Sie satt sind und überladen Sie den Magen nicht. Langsam essen und gut kauen hilft Ihnen rechtzeitig zu erkennen, wann Ihr Magen gefüllt ist.

Milchprodukte sollten reduziert oder am Besten ganz vom Speiseplan gestrichen werden. Generell sollte Milch nur warm konsumiert und nicht mit sauer, salzig, Fisch oder Knoblauch kombiniert werden. Milch gilt im Ayurveda als Heil- und Nahrungsmittel und wird am Besten mit Gewürzen wie Kurkuma (Gelbwurzpulver), Ingwer, Pippali (langer Pfeffer), Safran oder Shitopaladi (einem fertig gemischten Churna (Pulver)) konsumiert.

Nichtvegetarier sollten gerade in dieser Zeit auf Fleisch verzichten. Ein frisches Stückchen Ingwer mit etwas Steinsalz und Limone vor der Hauptmahlzeit hilft unserem Verdauungsfeuer wieder in Schwung zu kommen. Generell sind Ingwertee oder ein bitter schmeckender Tee sehr gut, um die schleimige, kalte und zähe Natur von Kapha zu reduzieren. Das Frühstück sollte durch weniger frische, nicht allzu wasserhaltigen Früchten bestimmt werden. Gedünstete Äpfel, Birnen, Aprikosen und Trockenfrüchte wie Feigen eignen sich am Besten. Zitrusfrüchte, Bananen, Ananas, Avocado und Wassermelone sind ganz aus dem Speiseplan zu streichen, um Kapha zu reduzieren.

Zu den Hauptmahlzeiten können leichte Gemüsesuppen, warme Dal-Suppen und kleine Mengen frischer Salat gerne dominieren. Angereichert mit allen Kräutern, die die Natur uns jetzt zu bieten hat, wie Brennnessel, Löwenzahn, Sauerampfer, Beinwell etc.

Wenn Sie in der Kantine oder unterwegs essen, hilft eine Kapha-Gewürzmischung mit scharfen, bitteren und etwas zusammenziehenden Gewürzen (sehr gut schmeckt Methia). Auch ein scharfes Chutney stärkt die Verdauungskraft.

Ganz besonders wichtig – meiden Sie Tagesschlaf und sorgen Sie für regelmäßige Bewegung. Eine aktive Sportart, die Ihnen Spaß macht, wie Rad fahren, walken, wandern und schnelle Spaziergänge bringen unsere Energien in Schwung. Die Kleidung sollte entsprechend der Witterung angepasst werden, die in dieser Jahreszeit noch häufig zwischen kalt und warm wechselt.

Je nach Typ sind Massagen mit warmem Sesamöl, Kapha-Öl oder besser noch Trockenmassagen zu empfehlen. Ganz besonders bietet sich im Frühling an, eine Fasten- oder Panchakarma-Kur (ayurvedische Reinigungskur) durch zu führen sowie früher als gewohnt aufzustehen (s. Tageszeitenzyklus).

Noch ein Tipp aus dem Bereich der Yoga-Reinigungstechniken, genannt Neti: Menschen mit Neigung zu Erkältungskrankheiten, Allergien und Heuschnupfen sollten regelmäßig ihre Nase mit einem Nasenspülkännchen spülen. Die Spülungen helfen Verfestigungen des Schleimhautsekrets und Bakterien im Nasenbereich zu entfernen. Für mehr Informationen ist das Buch über „Shatkarma – Die Geheimnisse der Yoga-Reinigung“ zu empfehlen.

Sommer/Besänftigen von Pitta

Im Sommer haben wir mit einem Pitta-Überschuss und gleichzeitig schwachem Agni zu tun. Um einen Ausgleich zu schaffen tragen Sie am Besten leichte Kleidung aus kühlender Seide oder Baumwolle. Zudem sollte Ihre Kleidung die Haut bedecken und für die Luftzirkulation weit und locker geschnitten sein. Vor allem für Pitta-Konstitutionen mit vielen Muttermalen ist es wichtig, die Haut nicht zu häufig praller Sonne auszusetzen. Ebenso ist der Kopf durch eine Kopfbedeckung und die Augen sind mit einer Sonnenbrille zu schützen. Als Farben eignen sich kühle Farbtöne wie weiß, blau, purpur, grau und grün, während sie warme Farben wie orange, rot, dunkelgelb oder schwarz in dieser Jahreszeit meiden sollten.
In der prallen Mittagshitze wird empfohlen im Haus zu arbeiten. In den kühleren frühen Morgenstunden können Sie sich im Freien aufhalten und Sport treiben z. B. joggen, walken oder schwimmen gehen. Besser noch sind leichte Übungen wie Yoga, Taiji, Pilates etc., kühlende Atemübungen und eine kurze Meditation. Für Massagen verwenden Sie Kokosöl, das den Körper kühlt.
Die Nahrung sollte aus kühlenden Substanzen bestehen. So eignen sich verschiedene Buttermilchgetränke, Salate, süße Äpfel, Melonen, Birnen, Pflaumen, Spargel, Brokkoli, Rosenkohl, Gurkengemüse, kleine Mengen Gurken-Raita, Basmati-Reis, Mungbohnen, Kokosnuss und auch Khitcharies. Die Speisen sollten am Besten warm aber nicht heiß sein, da trotz des ansteigenden Pitta das Agni schwächer ist als im Winter. Salate eignen sich im Sommer sehr gut, außer bei einem zu schwachen Agni, denn Salate und Rohkost sind zwar kühlend, benötigen aber ein stärkeres Verdauungsfeuer. Für ein sehr schwaches Agni eignet sich Grillgemüse mit einer Limonen-Öl-Kräutermarinade sehr gut. Fleischesser können Huhn oder Pute konsumieren. Rotes Fleisch sollten Sie wegen seiner erhitzenden Eigenschaften meiden. Auch bei den Getränken ist darauf zu achten, keine eisgekühlten Getränke zu sich zu nehmen, da diese Agni schwächen. Stattdessen können Sie lauwarmen Tee mit kühlenden Kräutern wie Minze oder Koriander oder einen mit Wasser verdünnten Fruchtsaft genießen.
Wichtig ist, saure Früchte zu meiden und Nahrung wie Rote Bete, Karotten, Knoblauch, Zwiebeln, Senf, Essig, sehr scharfe Gewürze, stark gesalzene Käsesorten, zu heißes Wasser und Getränke, aber auch zu viel Eis aus Ihrem Plan zu streichen. Vor allem ständig heißes Wasser trinken ist absolut zu meiden. Manche Menschen, die das Tun, wundern sich, warum ihr Körper immer mehr austrocknet und Beschwerden wie trockener Stuhl auftreten. Das kann durchaus damit zusammenhängen, da heißes Wasser, über einen langen Zeitraum getrunken, den Körper austrocknet.
Heißes Wasser kurmäßig im Frühjahr getrunken tut dem Körper gut, im Sommer ist es unzuträglich.

Für Köche ist wichtig, in der heißen Jahreszeit morgens oder abends zu kochen und einen freien Tag in der Woche einzuplanen. Denn eine heiße Küche erhöht das Pitta-Dosha. Gehen Sie lieber essen. Wenn Sie Alkohol trinken, dann keine scharfen Getränke konsumieren und stattdessen lieber ein Bier oder Weißweinschorle wählen.

Herbst/Besänftigen von Vata

Der Herbst bringt das Vata unseres Körpers stark hervor. Das Wetter ist windig, trocken, leicht, kalt und rau. Deshalb sollten Sie warme Kleidung wählen und Ihren Kopf vor Wind und Kälte schützen. In dieser Jahreszeit können Sie gerne warme Farben wie rot, gelb, orange oder auch wollweiß wählen.

Als Nahrung empfiehlt sich Haferschleim- oder Reissuppe zum Frühstück. Weizen, Tapioca, Tortillas, Chapati, Basmati und Mung-Dal-Kitchari sind ebenso hervorragend um Vata zu beruhigen. Wichtig ist, gedünstetes Gemüse zu verzehren und Rohkost zu meiden. Sehr bekömmlich sind breiige Gemüse- oder Dalsuppen und Eintöpfe mit wärmenden Gewürzen wie Kreuzkümmel, Koriander, Fenchel, Ingwer, Zimt, Nelken und Ghee (geklärte Butter). Die Nahrung sollte leicht, flüssig und ölig sein. Als Getränke sind Kräutertee, warmes Wasser oder eine warme Milch mit Ingwer, Muskat oder Kardamom gewürzt zu empfehlen.

Meiden Sie Salate, Kohl und zu schweres Vollkornbrot. Auch Fasten eignet sich in dieser Zeit nicht. Zu aktive und anstrengende Körperübungen, Lärm, schnelles Autofahren, viel Reisen, Zugluft, Wind und Kälte gehören ebenfalls nicht in das Repertoire, das Vata gut tut.

Stattdessen sind Entspannungsübungen, Meditation oder ein kurzes Nickerchen am Nachmittag hervorragend um Vata zu besänftigen. Lassen Sie sich mit einer nicht zu sanften oder kräftigen Massage verwöhnen, wenn Ihr Vata aus dem Ruder läuft und Sie sich gestresst und angespannt fühlen. Gesichts- und Brustmassagen, aber auch Fuß- und Teilkörpermassagen sind angenehm beruhigend und entspannend. Eine Panchakarma-Kur hilft in der Übergangszeit vom Sommer zum Herbst, einen Überschuss dieses Dosha aus dem Körper zu entfernen.

Winter/Besänftigen von Vata und Kapha

Der Winter kann eine sehr ungemütliche Jahreszeit werden mit viel Kälte, Feuchtigkeit, Schwere. Insgesamt wird das Leben in dieser Zeit langsamer – eine ideale Zeit um sich zurückzuziehen, sich auf sich selbst zu besinnen und Zukunftspläne zu schmieden. Manchmal kann das Wetter auch trocken, kalt, windig und klar sein. Im Allgemeinen sollten Sie in dieser Phase des Jahres sowohl Kapha als auch Vata ausgleichen. Ist das Wetter feucht und kalt, dann essen Sie mehr scharfe, wärmende und trockene während bei trockenen und kalten Bedingungen mehr ölige und ebenso warme Nahrung angesagt ist. Ideal sind Weizenvollkornbrot, gedünstetes Gemüse, etwas Reis, cremige Suppen mit viel Ghee (geklärte Butter). An Fleisch können Sie Huhn oder Pute essen. Eine kleine Menge an Rotwein oder ayurvedischen Kräuterweinen ist hilfreich für das Körperfeuer, denn sie sind wärmend und beruhigend und fördern die Durchblutung. An

Gewürzen eignen sich grüner Pfeffer, Pippali (langer Pfeffer), Ingwer, Süßholz und Nelke sehr gut.
Der Winter eignet sich sehr dazu, morgens länger im Bett liegen zu bleiben. Nach dem Aufstehen und Zunge schaben sind Yoga-Übungen wie der Sonnengruß aber auch kräftigere Übungen sehr gut. An Atemübungen eignen sich feurige und schnellere Varianten mit einer stillen Meditation am Ende.
Für eine Ölmassage eignet sich am Besten Sesamöl – ein Öl, das sowohl Vata als auch Kapha reduziert. Spätestens eine Stunde nach jeder Ölmassage sollten Sie warm duschen. Was als sehr angenehm empfunden wird, sind regelmäßige kurze Fußmassagen vor dem Zubettgehen – das kann auch warme Füße bereiten.
Wichtig ist, sich generell warm zu kleiden. Frieren sollte vermieden werden. Helle, warme Farben sind ideale Kleidungsfarben. Sind Sie unsicher, welche Farben Ihnen am Besten stehen, dann können Ihnen Farb- und Stilberaterinnen weiter helfen.
Ebenso gut sind regelmäßige Saunagänge. Trotzdem sollten Sie den Kopf mit einem Handtuch schützen, damit nicht zu viel Körperhitze verloren geht.

Die geistigen Kräfte – Sattva, Rajas und Tamas

Auf der geistigen Ebene wirken vor allem die Kräfte Sattva, Rajas und Tamas. Sattva bedeutet Licht, schöpferische Intelligenz und Idee. Diese geistige Kraft verleiht uns die Fähigkeit, klar zu denken, gibt uns Achtsamkeit, Bewusstheit und Reinheit. Rajas ist die aktive Energie und gibt uns Aggressivität, Aktivität und Bewegung sowohl im positiven als auch im negativen Sinne. Tamas bringt uns Dumpfheit, Widerstand, Schwere, Passivität und Trägheit sowie das Bedürfnis, zu ruhen. Alle Kräfte sind auf der materiellen Ebene gleichermaßen notwendig. Eine meine Lehrerinnen, Frau Dr. Sujata Paranjapé, hat den Zusammenhang der geistigen Kräfte folgendermaßen erklärt: Zu Anfang haben wir eine Idee, z. B. die Idee, ein Gericht zu kochen. Für die darauf folgende Umsetzung brauchen wir Rajas. In unserem Beispiel sieht das so aus: Wir schreiben die Zutaten auf, kaufen ein, stellen sie zusammen und beginnen mit der Zubereitung des Gerichtes. Tamas ist für die Fertigstellung des Gerichtes und das Betrachten der Speise nötig.
Wie bei den Doshas sind alle drei Eigenschaften mehr oder weniger in unserem Geist vertreten. Eine der drei Eigenschaften herrscht jedoch vor – anhand der folgenden Merkmale erhalten Sie einen Eindruck von der Unterschiedlichkeit dieser Kräfte.
So sind wir bei einem großen sattvischen Anteil ein freundlicher, liebevoller, mitfühlender und gütiger Mensch. Wir handeln großzügig und freigiebig, können vergeben, sprechen die Wahrheit und sind spirituell veranlagt. Wir sind intelligent, wissen viel und haben ein gutes Gedächtnis und Erinnerungsvermögen. Sattvische Menschen sind nicht sehr anhaftend und zudem geduldig. Obwohl sie viel arbeiten, sind sie selten erschöpft. Sie wirken frisch, wach, aufmerksam und strahlend. Ein sattvischer Mensch weiß immer, welche Nahrung und Lebensweise seinen Körper und Geist gesund erhält.
Überwiegt der rajasische Teil, dann neigen wir dazu, unglücklich zu sein. Wir gehen ziellos umher, sind ungeduldig, ehrgeizig und aggressiv. Wir neigen zu Unehrlichkeit, sind stolz, brutal und scheinheilig. Wir brauchen Respekt und haben viele Begierden.

Solche Menschen sind sehr zornig, leidenschaftlich, gierig, eifersüchtig und leiden unter der Angst, zu versagen. Sie sind oft gestresst und schnell erschöpft. Sie können zwar viel arbeiten, jedoch ohne eine bestimmte Richtung und Planung. Wenn rajasische Menschen freundlich, liebevoll und geduldig zu anderen sind, dann nur, wenn sie einen Vorteil darin sehen und solange dies ihren Interessen und ihrem eigenen Nutzen entspricht.
Bei einem hohen Tamas sind wir sorgenvoll, faul, depressiv, habgierig, rücksichtslos und leicht reizbar. Tamasisch veranlagte Menschen sind wenig intelligent, wissen wenig, schlafen, essen, trinken viel und lieben Sex. Sie bevorzugen berufliche Positionen mit wenig Verantwortung und sind bereit anderen Menschen zu schaden, wenn es ihren eigenen Interessen zugutekommt.

Mahlzeiten im Ayurveda

Frühstück

Das Frühstück ist für jeden Dosha-Typ verschieden. Menschen mit viel Kapha können sogar ohne Probleme auf ein Frühstück verzichten und bis zum Mittagessen vital und konzentriert bleiben. Diesem Typ reicht durchaus ein leichtes Frühstück mit Reiswaffel, Knäckebrot, Toast mit etwas Butter und herben Honigsorten. Was sie auch sehr mögen sind leichte Suppen mit einer Scheibe Toast und herben Aufstrichen.
Vata und Pitta brauchen dagegen ein üppigeres Frühstück. Pitta kann auf Grund seiner guten Verdauung morgens bereits Brot, sogar Vollkornbrot, mit Aufstrich zu sich nehmen oder eine größere Menge warme Milch ohne etwas zu essen vertragen. Bei der Aufnahme von Milch sollten Sie darauf achten, die Kombination sauer, salzig, Rettich, Knoblauch, Fisch, Obst zu vermeiden.
Für Vata ist ein Vollkornbrot zu schwer verdaulich und nur ein Glas Milch zu trinken füllt seine Räume zu wenig aus. Hier eignet sich ein warmer Getreidebrei, mit Wasser oder im Winter mit Milch gekocht, wesentlich besser. Der mit Wasser zubereitete Brei kann mit gedünsteten Äpfeln, Birnen, wenig Sahne, gerösteten Kokosflocken, Kokosmilch, Reisdrink, Nüssen und Trockenobst geschmacklich verfeinert werden. Bei einem Milch-Getreidebrei lassen Sie die Äpfel weg und setzen stattdessen Rosinen und Gewürze ein. Solch ein Frühstück liefert einem Vata ausreichend Substanz, um gut bis zum Mittagessen durchhalten zu können.

Mittagessen

Ein klassisches Mittagessen des Ayurveda besteht aus Salat als Beilage zur Hauptspeise oder vorweg, Reis/Getreide, ein bis zwei Gemüsesorten (je nach Typ trockenes oder feuchtes Gemüse), Gemüse- oder Dalsuppe, Hülsenfrüchten (Linsen oder Bohnen) und je nach Bedarf einem leichten Dessert. Trockene Gemüse sind zum Beispiel Blumenkohl oder Brokkoli. Zu den feuchten Gemüsesorten zählen u. a. Gurke, Tomate und Paprika. Als Getränk eignet sich ein Buttermilchgetränk oder je nach Jahreszeit etwas warmes Wasser.

Viele glauben, dass das Kochen eines ayurvedischen Gerichtes viel Zeit in Anspruch nimmt. Wir haben heute jedoch so viele unterstützende Kochgeräte, dass die Zubereitung je nach Übung zwanzig bis 45 Minuten dauert.
Falls Sie in der Woche weniger Zeit zur Verfügung haben, können Sie sich das Essen mit einem Reis-Gemüse-Dal-Gericht (Khichari), das sich in einem Wärmebehälter gut transportieren lässt, Chutney und eventuell einem Salat einfacher gestalten.
Am Wochenende ist es sehr schön, sich ein komplettes ayurvedisches Mahl zuzubereiten und die Speisen einzeln aufzutragen und zu verspeisen. Sie spüren sofort die ausgleichende und langanhaltende Wirkung. Chutneys, die häufig zu einem Essen gereicht werden, enthalten alle sechs Geschmacksrichtungen. Diese machen das Besondere einer ayurvedischen Mahlzeit aus und wirken harmonisierend auf Körper, Geist und Sinne.

Abendessen

Abends wird im Ayurveda weniger gegessen. Ganz hervorragend sind Suppen mit Chapati oder Brot/Toastbrot mit Olivenöl. Aber auch Nudeln mit einer Gemüsesoße oder leichtes Getreide wie Amaranth, Quinoa, Polenta, Couscous oder Hirse mit einem Gemüse sind zu empfehlen, wenn Suppe und Brot nicht ausreichen. Das Essen am Abend soll leicht zu verdauen sein und nicht zu spät gegessen werden. Die späteste Essenszeit sollte gegen 19.00 Uhr sein; besser ist es, zwischen 18.00-18.30 Uhr zu essen, wenn Ihr Lebensrhythmus das zulässt.

Herstellung und Verwendung von Ghee

Ghee (geklärte Butter)

2 Packungen ungesalzene Sauerrahmbutter.

Butter in einem Topf auf niedrigster Stufe erwärmen und flüssig werden lassen. Die Butter fängt nun an zu köcheln und zu blubbern.
Weitere 20-25 Minuten brodeln lassen, so lange bis sich das Eiweiß (weiße Schaumschicht) vom Fett getrennt hat. Das Fett wird ganz klar und der Topfboden wird nun sichtbar. Am Topfboden setzt sich eine leicht bräunliche Schicht ab.
Jetzt ist das Ghee fertig und kann durch ein mit Mullbinde oder einem Baumwolltüchlein ausgelegtes Teesieb abgesiebt werden. Dabei trennt sich die weiße Schicht von dem nun klaren Fett völlig. Das Baumwolltüchlein bzw. die Mullbinde können Sie anschließend im normalen Haushaltsmüll entsorgen.
Wichtigste Grundlage des Kochen ist im Ayurveda die Verwendung von Ghee. Denn Ghee ist die Basis eines Gewürzsuds, das zu Beginn eines Gerichtes hergestellt wird. Hierzu sind folgende Schritte notwendig: Zuerst geben Sie Ghee/Öl in den Topf und stellen den Herd auf niedrige Stufe. Wenn das Ghee/Öl erwärmt und flüssig geworden ist, kommen die Gewürze dazu. Zuerst die Saaten/Samen, bei denen wichtig ist, sie poppen zu lassen. Vorsicht bei Senfsaat, sie fängt an zu springen. Wenn die Saaten ihr Aroma entfaltet haben, geben Sie die frisch geriebenen, wie z. B. Ingwer hinzu oder auch getrocknete Kräuter und ganz zum Schluss die gemahlenen/frisch zermörserten Gewürze. Die gemahlenen Gewürze verströmen ihr Aroma sehr schnell. In dieser Reihenfolge stellen Sie den Gewürzsud für ihr Dal, Reis oder Gemüsegericht her. Die Gewürze können im Ghee/Öl ihre positiven Wirkungen auf Geist und Körper entfalten. Wenn Sie es lieber fettfrei mögen, dann lassen sich die Gewürze auch einfach in der Pfanne anrösten.
Um ein Gefühl für den Einsatz der Gewürze zu entwickeln, empfiehlt sich, vor der Zubereitung das Gewürz auf einer Fingerkuppe zu probieren. Dadurch wird das Geschmacksempfinden und gleichzeitig die Vorstellungskraft über den Geschmack geschult. Selten schmecke ich ein Essen während der Zubereitung ab. Denn sonst bin ich satt, bevor das Essen auf dem Tisch steht. Zu Beginn überlege ich, welche Geschmacksrichtung ich haben möchte. Sollen die Gewürze den Geschmack des Gemüses verstärken oder ausgleichen? Danach wähle ich die entsprechenden Gewürze aus. Auch berücksichtige ich die Jahreszeit. Im Sommer setze ich mehr kühlende und im Winter wärmende Gewürze ein. Ebenso wähle ich kühlende Gewürze, wenn ich feststelle, dass viele Pitta-Typen in einer Gruppe zu bekochen sind. Eine Gewürzkunde über die Eigenschaften der Gewürze finden Sie in Kapitel ‚Gewürz- und Kräuterkunde' auf Seite 82.

Frühstück

Trockenpflaumen mit Zimt

Portion: für 4 Personen

Zubereitungszeit ca. 5- 10 Minuten

16-18 Stück Trockenpflaumen in ½ L Wasser einweichen
½-1 TL Zimt

Trockenpflaumen in Wasser über Nacht einweichen.
Am nächsten Morgen die Pflaumen mit dem Einweichwasser in einen Topf geben und kurz aufkochen.
Mit Zimt würzen.

Die Trockenpflaumen lassen sich gut mit einem warmen Getreidebrei kombinieren, können aber auch alleine verzehrt werden. Trockenfrüchte sind gut für Kapha- und Pitta-Typen. In eingeweichter Form können sie auch von Vata vertragen werden.

Gedünstete Äpfel mit Ingwer

Portion: für 4 Personen

Zubereitungszeit ca. 10-15 Minuten

---

4 mittlere Äpfel
1-2 TL Ghee (geklärte Butter)
1 größere Scheibe einer frischen Ingwerwurzel
1 Tasse heißes Wasser

Äpfel schälen und in mundgerechte Stücke schneiden.
Ingwer schälen und fein reiben.
Ghee in einem Topf auf mittlerer Stufe erwärmen und den Ingwer mit dem Ghee verrühren.
Wenn der Ingwer leicht angebräunt ist, die Äpfel hinzugeben. Mit dem Wasser ablöschen und zum Kochen bringen.
Die Äpfel in ca. 5-10 Minuten weich kochen.

Gedünstete Äpfel sind zum Frühstück sowie auch als leichtes Dessert geeignet. Im Winter oder Herbst können gemahlene Nüsse als Dekoration dienen, im Frühjahr am Besten pur, ohne alles, verzehren.

Variante: Statt Äpfel können Sie auch Birnen verwenden.

Porridge

Portion: für 4 Personen

Zubereitungszeit ca. 15 Minuten

1-2 TL Ghee (geklärte Butter)
Gewürze wie Koriander, Kardamom, Ingwer, Anis, Piment, Nelke, Zimt je nach Geschmack
8-12 EL Haferflocken
3-4 Tassen heißes Wasser oder im Winter Wasser mit Milch 1:1 mischen

---

Ghee in einem Topf erwärmen.
Gewürz nach Geschmack darin anrösten.
Dann Haferflocken ebenfalls im Topf anbräunen.
Flüssigkeit hinzugeben und das Ganze kurz aufkochen.

Porridge ist besonders gut für Vata. Pitta kann den Brei gelegentlich verspeisen und Kapha sollte statt Porridge lieber einen Brei aus Hirse, Quinoa, Gerste, Amaranth oder Buchweizen zubereiten. Wenn Sie keine Milch in den Brei geben, können Sie ihn etwas salzen.

Hirseflockenbrei

Portion: für 4 Personen

Zubereitungszeit ca. 15 Minuten

1-2 TL Ghee (geklärte Butter)
1 größere Scheibe Ingwerwurzel, frisch gerieben
12 EL Hirseflocken
4 Tassen heißes Wasser

Ghee in einem Topf erwärmen.
Ingwer darin anbräunen.
Hirseflocken hinzugeben und ggf. auch im Topf anrösten.
Wasser hinzugeben und alles kurz aufkochen.

Hirseflocken sind leicht und trocken. Daher eignen sie sich besonders gut für Kapha. Da Hirse kühlend auf den Körper wirkt kann Pitta dieses Getreide ebenso gut vertragen. Für Vata ist dieser Brei sehr leicht und evtl. fängt er nach dem Verzehr schneller an zu frieren. Dem kann er mit einer höheren Menge an Ingwer entgegenwirken.
Statt Hirse können Sie jede andere Sorte von Getreideflocken verwenden, die Ihnen zuträglich ist (Gersten-, Weizen-, Reis-, Dinkelflocken etc.). An Stelle von Ingwer sind Kardamom, Koriander, Anis, Fenchel und andere Gewürze für Süßspeisen geeignet.

Frühlingsgerichte, um Kapha zu besänftigen

Brokkoligemüse

Portion: für 4 Personen

Zubereitungszeit ca. 20 Minuten

600 g Brokkoli
2 TL Ghee (geklärte Butter)
1 TL Ajwain
1 TL Kurkuma (Gelbwurzpulver)
1 TL Paprikapulver
½ TL frisch zermörserten langen Pfeffer zum Abschmecken
1 TL Salz zum Abschmecken

Brokkoli waschen und Röschen abschneiden. Dünnere Stiele in Scheiben schneiden.
Ghee in einem Topf auf mittlerer Stufe erwärmen. Ajwain darin anrösten.
Brokkoli hinzugeben, mit dem Ajwain verrühren und mit ½ Tasse Wasser ablöschen.
Kurkuma und Paprikapulver hinzugeben.
Mit Pfeffer und Salz abschmecken.

Radicchio-Möhren-Sauce

Portion: für 4 Personen

Zubereitungszeit ca. 20 Minuten

1 mittlerer Kopf Radicchio
2 fein geraspelte Möhren
2 EL Sonnenblumenöl
2 in Scheiben geschnittene Knoblauchzehen
0,25 L Wasser
0,2 L Sahne
Kala Nimak
grüner Pfeffer aus der Mühle zum Abschmecken

Den Radicchio-Salat in Blätter teilen, waschen und in Streifen schneiden.
Den Knoblauch schälen.
Das Öl in einer Pfanne erhitzen und den Knoblauch darin leicht anbräunen.
Die Radicchioblätter und die fein geraspelten Möhren in die Pfanne geben und andünsten.
Mit dem Wasser ablöschen und fast ganz einkochen lassen.
Anschließend pürieren, Sahne hinzugeben und mit Salz und Pfeffer abschmecken.

Kapha kann diese Sauce wunderbar mit Buchweizennudeln oder glutenfreien Nudeln verspeisen. Für Vata und Pitta sind auch Hartweizengrießnudeln geeignet.

(XX)

Reis mit Blumenkohl und Kartoffeln

Portion: für 4 Personen

Zubereitungszeit ca. 30-40 Minuten

400 g Blumenkohl
200 g Kartoffeln
1-1,5 Becher Reis
2 TL Ghee (geklärte Butter)
2 TL Senfsamen
1 TL Koriandersamen
2 EL Kokosraspeln
½ TL Kurkuma (Gelbwurzpulver)
1 TL Kreuzkümmelpulver
½ TL Ingwerpulver
½ TL Bockshornkleesaatpulver
1 TL Steinsalz
2,5 Becher heißes Wasser

Blumenkohl in Röschen teilen. Kartoffeln schälen und in Scheiben schneiden.
Ghee in einem Topf auf mittlerer Stufe erwärmen und die Senfsamen darin poppen lassen.
Koriandersamen und Kokosraspeln hinzufügen und anbräunen.
Blumenkohl, Kartoffeln und Reis mit den anderen Zutaten vermischen und Reis glasig werden lassen.
Wasser und gemahlenen Gewürze hinzugeben und alles zum Kochen bringen.
Hitze runterschalten und ca. 15-20 Minuten köcheln lassen.

Eine schnell zubereitete Mahlzeit oder auch ideal um das Gericht im Wärmebehälter ins Büro mitzunehmen.

Spinat mit getrockneten Tomaten

Portion: für 4 Personen

Zubereitungszeit ca. 15 Minuten

600 g Spinat
12 Stück eingelegte getrocknete Tomaten
1 EL Olivenöl
1 größere Scheibe Ingwerwurzel, frisch gerieben
1 TL Kurkuma (Gelbwurzpulver)
Salz zum Abschmecken

Spinat putzen, hierfür die Wurzelenden abzwicken und waschen.
Olivenöl in einem Topf erwärmen.
Ingwer darin anbräunen.
Spinat, getrocknete Tomaten und Kurkuma hinzugeben.
Auf mittlerer Stufe weich dünsten.
Je nach Tomatensorte salzen.

Tipp: Wenn die Tomaten sehr trocken sind, dann empfiehlt sich, sie vor der Zubereitung einige Stunden einzuweichen.

Variante: Statt Spinat können Sie für dieses Gericht auch Mangold verwenden.

Chicoréegemüse

Portion: für 4 Personen

Zubereitungszeit ca. 30 Minuten

600 g Chicorée
Die Sauce dazu wird wie folgt gemacht:
4-6 EL Olivenöl
1 EL Limonensaft
2 TL Kräuter der Provence
1 TL Paprikapulver
1 TL Steinsalz

Vom Chicorée den Strunk herausschneiden, waschen und in eine Auflaufform schichten.
Sauce aus Olivenöl, Limonensaft, Kräutern der Provence, Paprikapulver und Salz zubereiten.
Über den Chicorée verteilen und im Backofen bei 175 Grad Umluft ca. 15 - 20 Minuten backen, bis er an den Seiten leicht bräunlich geworden ist.
Saucenvariante:
4-6 EL Olivenöl, 2 TL frisch gemörserten Koriandersamen und 1 TL Pippali (Piper longum), 1 TL Steinsalz.

Chicorée ist ein leicht bitter schmeckendes Gemüse und ist sehr gut für Pitta und Kapha geeignet. Vata kann gerade im Frühjahr Chicorée ebenso vertragen. Für diesen Typ darf es auch gerne etwas mehr Öl sein.

Kohlrabi-Kartoffel-Gemüse vom Blech

Portion: für 4 Personen

Zubereitungszeit ca. 25 - 30 Minuten

300 g Kohlrabi
300 g Kartoffeln
Ghee (geklärte Butter), um das Blech einzufetten
2 TL Thymian
1 TL Paprikapulver
1 TL Kreuzkümmelpulver
½ TL Garam Masala
1-2 TL Salz

Kohlrabi und Kartoffeln schälen, waschen und in Scheiben schneiden.
Ein Blech mit Ghee einfetten, Gemüse darauf verteilen.
Gemüse etwas mit Ghee bestreichen und die Gewürze darüber streuen.
Bei ca. 175 Grad im Heißluftbackofen weich backen.
Gelegentlich wenden, damit eine leicht braune Kruste entstehen kann.

Kohlrabi und Kartoffeln sind trockenere Gemüsesorten und daher wieder besonders gut für Kapha-Typen zu empfehlen. Kapha darf das Gemüse richtig scharf würzen und kann scharfes Paprikapulver verwenden. Die beiden anderen sollten weniger scharf würzen und daher lieber süßes Paprikapulver bevorzugen. Da Vata zu Trockenheit im Körper tendiert darf er gerne mehr Salz als die anderen einsetzen.

Porreegemüse

Portion: für 4 Personen

Zubereitungszeit ca. 30-35 Minuten

600 g Porree
2 EL Olivenöl
2 gestrichene TL Ajwain
1 TL Currypulver
Saft einer ½ Limone
Salz und frisch zermörserten Pippali zum Abschmecken

Das Ende vom Lauch abschneiden. Den Lauch in Streifen schneiden, waschen und vierteln.
Öl in einem Topf erhitzen.
Ajwain 2-3 Minuten darin anrösten.
Curry und das Gemüse hinzugeben.
Mit Wasser ablöschen und Porree weich dünsten.
Mit Limone, Salz und Pippali abschmecken.

Porree ist wieder nicht für jeden geeignet. Hier müssen Sie selbst ausprobieren wie und ob Sie auf das Gemüse reagieren. Manchen hilft es auch, den Porree länger zu kochen. Je länger er kocht desto süßer schmeckt er.

Pak Choi Gemüse

Portion: für 4 Personen

Zubereitungszeit ca. 20 – 25 Minuten

600 g Pak Choi
1-2 EL Olivenöl
2 gestrichene TL Ajwain
1 Stange Zitronengras
½ Tasse heißes Wasser zum Ablöschen
1-2 TL Steinsalz

Pak Choi in Streifen schneiden und waschen.
Olivenöl in einem Topf auf mittlerer Stufe erwärmen.
Ajwain darin anrösten.
Gemüse und klein geschnittenes Zitronengras hineingeben.
Mit Wasser ablöschen und bei geschlossenem Topf ca. 15-20 Minuten dünsten.
Mit Salz abschmecken.

Pak Choi erinnert an Mangold und Chinakohl. In asiatischen Ländern, vor allem bei den Thailändern, ist das Gemüse sehr bekannt. Im Westen ist Pak Choi hauptsächlich im Naturkostladen oder auf dem Wochenmarkt zu finden. Es ist ein leichtes Gemüse mit einem herben Geschmack.

Rhabarberkompott

Portion: für 4 Personen

Zubereitungszeit ca. 25 – 30 Minuten

300 g Rhabarber
300 g Äpfel
2 TL Ghee (geklärte Butter)
1 Scheibe Ingwerwurzel (ca. 1 cm), frisch gerieben
4 Nelken
½ TL Koriander
½ TL Kardamom
Sharkara oder Roh-Rohrzucker nach Bedarf

Rhabarber und Äpfel schälen, waschen und in grobe Stücke schneiden.
Ghee in einem Topf erwärmen und Ingwer darin leicht anbräunen.
Obst mit dem Ingwer gut vermengen.
Mit wenig Wasser, ca ½ Tasse, ablöschen und mit Nelken, Kardamom und Koriander zusammen aufkochen.
Platte runterschalten und ca. 10-15 Minuten weiter köcheln.

Wer kennt ihn nicht – den Rhabarber. Er wächst nur im Frühjahr und bietet sich gelegentlich als ein köstliches Dessert an. Allerdings dürfen Pitta-Typen Rhabarber nur gelegentlich konsumieren, denn für sie enthält der Rhabarber zu viel Oxalsäure. Menschen mit einem schwächeren Verdauungsfeuer können sich nach dem Verzehr von Rhabarberkompott schwer und müde fühlen. Dann tauschen Sie gerne die Menge von Äpfeln und Rhabarber und testen Sie, welche Variante für Sie leichter bekömmlich ist.

Rosenkohl

Portion: für 4 Personen

Zubereitungszeit ca. 35 – 40 Minuten

600 g Rosenkohl
2 TL Ghee (geklärte Butter)
1 große Scheibe Ingwerwurzel, frisch gerieben
1 TL Pippali
1 MSP Asafötida (Hing)
Saft ½ Limone
Steinsalz zum Abschmecken

Rosenkohl putzen. Dafür das Ende abschneiden, die äußeren Blätter entfernen und an der runden Seite ein Kreuz einritzen.
Ghee in einem Topf erwärmen und Ingwer darin leicht anbräunen.
Dann Pippali und Asafötida hinzugeben.
Wenn sich das Aroma der Gewürze entfalten hat, den Rosenkohl gut mit den Gewürzen mischen.
Mit ca. 1 Tasse Wasser ablöschen und das Gemüse weich kochen.
Zum Schluss mit Limone und Salz abschmecken.

Rosenkohl benötigt ein sehr gutes Verdauungsfeuer. Da mein Körperfeuer nicht so stark ist, reagiere ich häufig mit Sodbrennen auf Rosenkohl. Ich koche das Gemüse hauptsächlich für meinen Mann, der Rosenkohl über alles liebt und besser vertragen kann.

Spargel

Portion: für 4 Personen

Zubereitungszeit ca. 30 – 40 Minuten

1 kg Spargel
1 Tasse Wasser
Sauce:
4 EL Olivenöl
Saft ½ Limone
1 TL frisch gemörserten Pippali
1 TL Kräuter der Provence
1 TL schwarzes Steinsalz

Spargel schälen, die Enden abschneiden und in eine Auflaufform schichten.
1 Tasse Wasser hinzufügen und bei 175 Grad im Heißluftbackofen weich dünsten.
Zutaten der Sauce miteinander vermengen und über den Spargel gießen.
5 Minuten durchziehen lassen und mit frischen Kräutern dekorieren.

Spargel ist allen drei Typen zuträglich. Im Frühjahr, der Hauptsaison von Spargel, sollten Sie so oft wie möglich Spargel essen. Wenn Sie keine gehaltvollen Saucen (wie z. B. Hollandaise) dazu servieren, dann hilft Spargel beim Reinigen und Entschlacken.

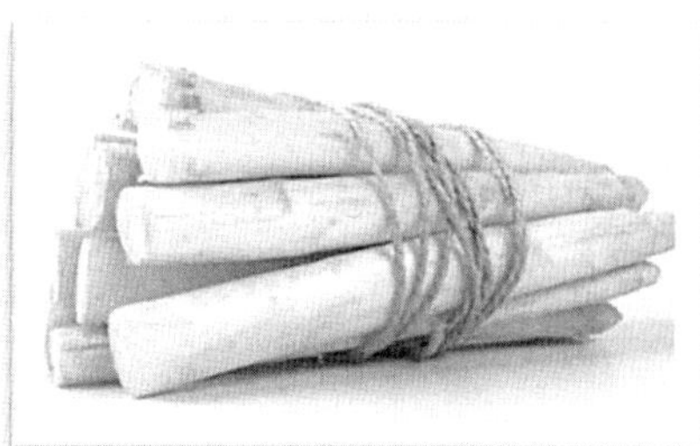

XX

Artischocke

Portion: für 4 Personen

Zubereitungszeit ca. 15 – 20 Minuten

1 Artischocke pro Person
3-4 L Wasser
etwas Salz

Artischocken waschen. Stiel kürzen, aber nicht ganz abschneiden.
Wasser in einem Topf zum Kochen bringen.
Wenn das Wasser kocht, die Artischocken hineingeben und ca. 10 Minuten kochen lassen.
Artischocken herausnehmen und mit einer Kräutersoße servieren.

Artischocken schmecken angenehm bitter und regen Galle und Leber an. Obwohl ich ein Vata-Typ bin, esse ich Artischocken sehr gerne und habe auch hinterher keine negativen Auswirkungen davon. Im Gegenteil – den bitteren Geschmack vertrage ich in dieser Form sehr gut, denn auch Vata sollte leichte Bitterstoffe zu sich nehmen. Außerdem hilft Artischocke bei Völlegefühl und Blähungen, was sich ebenfalls positiv auf das Befinden auswirkt.

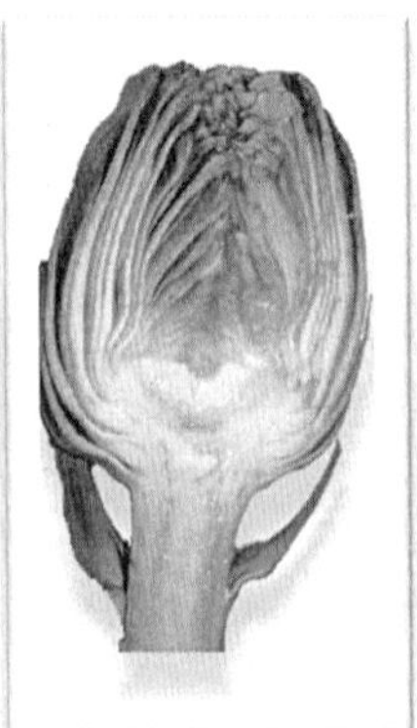

Möhren mit Sesamsaat

Portion: für 4 Personen

Zubereitungszeit ca. 25 Minuten

600 g Möhren
1 EL Sesamöl
2 EL Sesamsaat
1 EL frisch gehackten Ingwer
Steinsalz
etwas Limonensaft

Möhren waschen, schälen und in Scheiben schneiden.
Sesamöl in einem Topf erhitzen und den Sesamsaat darin anrösten.
Ingwer hinzufügen und leicht anbräunen.
Wenn sich das Aroma der Gewürze gut entfalten hat, dann den Gewürzsud gut mit dem Gemüse vermischen.
Topf mit einem Deckel verschließen und Möhren bei niedriger Stufe weich dünsten.
Gelegentlich umrühren.
Mit Steinsalz und Limonensaft abschmecken.

Ein äußerst beliebtes und einfach zuzubereitendes Gericht. Dieses Möhrengericht koche ich sehr gerne für größere Gruppen, da selten/nie jemand darüber meckert.

Löwenzahngemüse

Portion: für 4 Personen

Zubereitungszeit ca. 25 Minuten

600 g Löwenzahn
2 EL Sesamöl
1 größere Scheibe Ingwerwurzel, frisch gerieben
1 Handvoll Rosinen
1 TL frisch gemörserten Pippali
1-2 TL Steinsalz

Löwenzahnblätter waschen und klein schneiden.
Sesamöl in einem Topf erhitzen.
Ingwer darin anbräunen.
Rosinen und Gemüse dazugeben und weich dünsten.
Mit Pippali und Steinsalz abschmecken.
Kurz durchziehen lassen, fertig.

Löwenzahn ist ein wunderbares Gemüse, um Kapha zu reduzieren. Ebenso ist das Gemüse für Pitta bekömmlich, denn die bitteren Anteile reduzieren sowohl Kapha als auch Pitta. Vata sollte nur wenig davon genießen, denn die Bitterstoffe erhöhen Vata.

Sommergerichte, um Pitta zu besänftigen

Bohnen-Karotten-Gemüse

Portion: für 4 Personen

Zubereitungszeit ca. 45 - 50 Minuten

400 g grüne Bohnen
200 g Karotten
2 TL Ghee (geklärte Butter)
2 cm Scheibe Kokoscreme vom Block
1 TL Thymian
1 TL Zitronenpfeffer
1 TL frisch gemörserten Koriandersamen
1 gestrichenen TL süßes Paprikapulver
½ TL Kurkuma (Gelbwurzpulver)
½ TL Kala Nimak
Salz und etwas Zitronensaft zum Abschmecken

Grüne Bohnen putzen (Enden abschneiden), waschen und ggf. halbieren.
Karotten nach Bedarf schälen, waschen und in Scheiben schneiden.
Ghee in einem Topf auf niedriger Stufe erwärmen. Thymian, Zitronenpfeffer, Koriandersamen mit dem Ghee verrühren und etwas anrösten. Nun die gemahlenen Gewürze und das Kala Nimak hinzugeben.
Wenn sich das Aroma der Gewürze verbreitet hat, das Gemüse gut mit dem Gewürzsud vermischen.
Mit etwas Wasser (ca. 1/2 Tasse) ablöschen und bei geschlossenem Topf 30 Minuten garen.
Zum Schluss nach Bedarf mit Salz und Zitronensaft abschmecken.

Ein Gericht, das für alle Doshas geeignet ist und gleichzeitig als Eiweißquelle dient. Mit Reis und einem Chutney kombiniert haben Sie ein vollwertiges Menü zubereitet. Wer mag, kann noch einen Salat dazu reichen. Auf Grund meines Typs bin ich kein Fan von Salat. Ich esse sehr selten Rohkost und fühle mich damit am wohlsten. Ich friere recht schnell und nach dem Verzehr von Salat und Obst tendiere ich noch mehr dazu.

Bohnen-Gemüse

Portion: für 4 Personen

Zubereitungszeit ca. 45 – 50 Minuten

600 g Bohnen
2 Tomaten
2 EL Olivenöl
2 TL Majoran
1 TL Thymian
1 TL Bockshornkleesamen
1 TL Paprikapulver
1-2 TL helles Steinsalz

Die Enden der Bohnen entfernen und je nach Länge halbieren, anschließend waschen.
Tomaten enthäuten, Kerne entfernen und vierteln.
Olivenöl in einen Topf geben und erwärmen.
Gewürze hinzufügen. Zuerst die Kräuter, dann die Samen und danach das Paprikapulver und das Salz. Im Öl anrösten und warten, bis sich das Aroma entfaltet.
Tomatenviertel mit dem Gewürzsud mischen und köcheln lassen.
Nach ca. 10 Minuten die Bohnen dazu geben und so lange kochen, bis die Bohnen weich sind. Evtl. etwas Wasser hinzufügen.

Kohlrabi-Möhren-Rettich-Gemüse

Portion: für 4 Personen

Zubereitungszeit ca. 35 – 40 Minuten

2 Stück Kohlrabi
2 Stück Karotten
1 Schwarzrettich
Ghee (geklärte Butter)
½ TL Ajwain
1 TL süßes Paprikapulver
½ TL Kurkuma (Gelbwurzpulver)
1 TL Kreuzkümmelpulver
1 TL Korianderpulver
1 TL helles Steinsalz

Kohlrabi schälen und in mundgerechte Würfel schneiden.
Karotten nach Bedarf schälen, waschen und in Scheiben oder Würfel schneiden.
Rettich schälen und ebenso in Scheiben oder Würfel schneiden.
Ghee im Topf auf niedriger Stufe flüssig werden lassen. Ajwain mit dem Ghee verrühren und etwas anrösten. Danach die gemahlenen Gewürze hinzufügen und gut mit dem Ghee vermengen.
Wenn sich das Aroma der Gewürze entfaltet hat, das Gemüse mit dem Sud mischen.
Mit wenig Wasser ablöschen und bei geschlossenem Topf auf mittlerer Stufe ca. 25 Minuten garen.

Eine sehr schmackhafte Gemüsekombination. Die Möhre darin liefert die Farbe des Gerichtes, denn das Auge isst mit. Für mich ist dies ein sehr wichtiger Aspekt. Daher sind die Zusammenstellungen meiner Menüs bei Seminarbekochungen immer reich an Farben.

Zucchini-Tomaten-Gemüse vom Blech

Portion: für 4 Personen

Zubereitungszeit ca. 30 – 35 Minuten

400 g Zucchini

200 g reife Tomaten
Sauce:
½ Tasse Olivenöl
½ frisch gepresste Zitrone
1 TL helles Steinsalz
2 TL Kräuter der Provence
3 cm Scheibe einer frischen Ingwerwurzel
1 TL helles Steinsalz

Zucchini waschen und in mundgerechte Würfel schneiden.
Tomaten enthäuten, entkernen und klein schneiden.
Das Enthäuten geschieht folgendermaßen: Die Haut der Tomaten anritzen und mit kochendem Wasser übergießen. Nach ein paar Minuten lässt sich die Haut ganz leicht abziehen.
Das Gemüse auf einem Blech verteilen.
Die Zutaten für die Sauce verquirlen und über das Gemüse träufeln.
Bei ca. 150 Grad in einem Heißluftbackofen 20 Minuten backen.
Zwischendurch nach ca. 10 Minuten das Gemüse wenden.

Zucchini kann jeder vertragen. Nur bei den Tomaten müssen Sie eventuell aufpassen. Manche Menschen, vor allem die mit viel Pitta, reagieren auf Tomaten mit Säure. Dann können Sie die Tomate durch Paprika ersetzen. Tomaten erhöhen alle drei Doshas und bei Ama (unreinem Blut bzw. Stoffwechselschlacken) sollte eine Zeitlang Tomate ganz gemieden werden. (Oder aber Sie enthäuten und entkernen die Tomaten). Viele Menschen, mit denen ich mich unterhalten habe, sind froh und erleichtert zu hören, dass Sie scheinbar gesunde Nahrungsmittel, die Sie nicht vertragen, aus dem Speiseplan streichen dürfen.

Auberginen-Tomaten-Gemüse vom Blech

Portion: für 4 Personen

Zubereitungszeit ca. 40 – 45 Minuten

500 g Auberginen
100 g reife Tomaten
Sauce:
½ Tasse Olivenöl
½ frisch ausgepresste Zitrone
1 TL Majoran
1 TL Oregano
1 TL Zitronenpfeffer
1 gestrichenen TL Kala Nimak

Auberginen waschen und in mundgerechte Würfel schneiden.
Tomaten enthäuten, Kerne entfernen und klein schneiden.
Das Enthäuten geschieht folgendermaßen: Die Haut der Tomaten anritzen und mit kochendem Wasser übergießen. Nach ein paar Minuten lässt sich die Haut ganz leicht abziehen.
Das Gemüse auf einem Backblech verteilen.
Die Zutaten für die Sauce verquirlen und gut mit dem Gemüse vermischen.
Bei ca. 170 Grad in einem Heißluftbackofen 30 Minuten backen.
Zwischendurch das Gemüse wenden.

Italienisch-indisches Zucchini-Tomaten-Gemüse

Portion: für 4 Personen

Zubereitungszeit ca. 25 - 30 Minuten

400 g Zucchini
2-3 Tomaten
1 EL Olivenöl
½ TL Kala Jeera (Schwarzkreuzkümmel)
1 gestrichener TL Oregano
1 gestrichener TL Majoran
½ TL Kurkuma (Gelbwurzpulver)
½ TL Ingwerpulver
1 TL Korianderpulver
1 TL Steinsalz

Zucchini waschen und in Scheiben schneiden.
Tomaten evtl. enthäuten und klein schneiden.
Das Enthäuten geschieht folgendermaßen: Die Haut der Tomaten anritzen und mit kochendem Wasser übergießen. Nach ein paar Minuten lässt sich die Haut ganz leicht abziehen.
Olivenöl in einem Topf auf mittlerer Stufe erwärmen. Kala Jeera hinzufügen und im Öl etwas anrösten.
Danach die getrockneten Kräuter und die Gewürzpulver mit dem Öl verrühren.
Wenn die Gewürze gut duften, das Gemüse in den Topf geben und mit dem Sud vermengen.
Bei geschlossenem Topf auf mittlerer Stufe weich dünsten.
Bei einer Tomatenunverträglichkeit schmeckt das Gericht auch ohne.

Möhren-Erbsen-Gemüse

Portion: für 4 Personen

Zubereitungszeit ca. 40 – 50 Minuten

300 g Möhren
300 g Erbsen
1 EL Ghee (geklärte Butter)
1 große Scheibe Ingwerwurzel, frisch gerieben
1 TL frisch zermörserten Koriandersamen
1-2 TL Salz
¼ TL Chilipulver

Möhren nach Belieben schälen, waschen und in Scheiben schneiden.
Erbsen aus der Hülse palen und waschen.
Ghee in einen Topf geben und erwärmen.
Ingwer darin leicht anbräunen.
Salz und Koriandersamen hinzugeben.
Wenn die Gewürze gut duften und sich das Aroma entfalten hat, Möhren und Erbsen mit den Gewürzen vermischen.
Mit etwas Wasser ablöschen, das Chilipulver unterrühren und das Gemüse weich kochen.

Falls Sie einmal weniger Zeit haben, dürfen Sie auch Tiefkühlerbsen verwenden. Tiefkühlgemüse kommt in der Wertigkeit gleich nach frischem Gemüse. Sie müssen bei Tiefkühlware nur beachten, dass das Vata darin höher ist als bei frischer Nahrung.

Mangoldgemüse

Portion: für 4 Personen

Zubereitungszeit ca. 30 Minuten

2-3 TL Ghee (geklärte Butter)
1 TL Senfsaat
1 größere Scheibe Ingwerwurzel, frisch gerieben
1 TL Koriandersamen
600 g Mangold
½ TL Methia
Salz

Strunk vom Mangold entfernen, in Streifen schneiden und waschen.
Ghee in einem Topf erwärmen.
Senfsaat darin springen lassen. Bei Senfsaat sollte der Topf mit einem Deckel verschlossen werden.
Ingwer, frisch gemörserte Koriandersamen und Salz zufügen und anbräunen.
Mangold zugeben, mit dem Sud vermischen und dünsten.
Mit Methia (fertiges Churna) abschmecken.

Mangold sollte gut gewürzt werden, da er Oxalsäure enthält, die schwer zu verdauen ist.

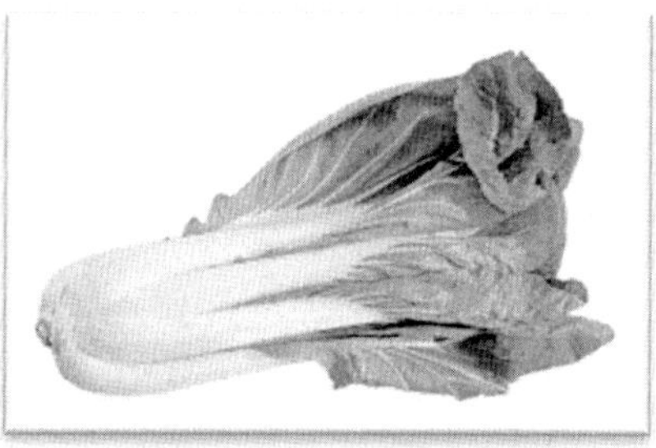

Spitzkohl

Portion: für 4 Personen

Zubereitungszeit ca. 35 Minuten

600 g Spitzkohl
2-3 EL Olivenöl
½ TL Zwiebelsamen
1 TL Kreuzkümmelsamen
½ TL Majoran
½ TL Thymian
½ TL Garam Masala
1 TL Paprikapulver
1 TL Galgantpulver
1-2 TL Steinsalz

Vom Spitzkohl den Strunk abschneiden, die äußeren Blätter entfernen und klein schneiden.
Öl in einen Topf geben und erhitzen.
Zwiebelsamen, Kreuzkümmelsamen, Majoran und Thymian ca. 2-3 Minuten im Öl anrösten.
Anschließend die pulverisierten Gewürze hinzugeben.
Wenn sich das Aroma der Gewürze entfaltet hat, den Spitzkohl gut mit dem Gewürzsud vermengen und mit ca. 1 Tasse Wasser ablöschen.
Spitzkohl in ca. 25 Minuten weich dünsten.
Mit Salz abschmecken.

Spitzkohl ist im Vergleich zu Weißkohl gut zu vertragen. Für Pitta und Kapha ist Kohl sowieso kaum ein Problem. Vata reagiert auf Kohlgerichte häufig mit Blähungen und sollte, wenn er Kohl isst, sehr gut kauen.

Weißkohl mit Möhren

Portion: für 4 Personen

Zubereitungszeit ca. 40 Minuten

400 g Weißkohl
200 g Möhren
1 EL Ghee (geklärte Butter)
1 TL Kala Jeera (Schwarzkreuzkümmel)
1 große Scheibe frisch geriebenen Ingwer
1-2 gestrichene TL Salz
½ TL Kurkuma (Gelbwurzpulver)
¼ TL Chilipulver

Den Strunk vom Weißkohl entfernen, den Rest in Streifen schneiden und waschen.
Möhren nach Belieben schälen, waschen und in Scheiben schneiden.
Ghee in einem Topf erwärmen.
Kala Jeera darin anrösten.
Ingwer und Salz hinzugeben und Ingwer leicht anbräunen.
Gemüse mit den Gewürzen gut vermengen.
Kurkuma und Chilipulver unterrühren.
Mit etwas Wasser ablöschen und Gemüse weich kochen.

Weißkohl kann nicht jeder gut verdauen. Wie alle Kohlsorten, ist das Gemüse gut für Kapha geeignet. Pitta hat in der Regel keine Schwierigkeiten, da sein System eine gute Verdauung ausmacht. Vata kann von den Kohlsorten Weißkohl am schlechtesten vertragen und reagiert mit Blähungen.

Wirsinggemüse

Portion: für 4 Personen

Zubereitungszeit ca. 35 – 40 Minuten

500 g Wirsing
1 rote Paprikaschote
1 EL Ghee (geklärte Butter)
1 TL Kala Jeera (Schwarzkreuzkümmel)
1 größere Scheibe Ingwerwurzel, frisch gerieben
1 TL Steinsalz

Wirsing halbieren, Strunk entfernen und in feine Streifen schneiden.
Paprika waschen, halbieren und die Kerne und das Weiße entfernen. Dann in schmale Streifen schneiden.
Ghee in einem Topf erwärmen.
Kala Jeera und Ingwer darin anbräunen, bis ein angenehmer Duft nach oben steigt.
Gemüse und etwas Wasser zugeben. Mit dem Gewürzsud mischen und weich kochen.

Wirsing ist ein angenehm herb schmeckender Kohl, der in kleinen Mengen auch von Vata vertragen werden kann. Trotzdem bitte beobachten, ob die eigene Verdauungskraft dafür ausreicht.

Estragonpesto

Portion: für 4 Personen

Zubereitungszeit ca. 10 Minuten

1 großer Bund Estragon
2 EL Kokosflocken
4 EL Kürbiskernöl
2 TL Agavendicksaft
½-1 TL Steinsalz
2-3 TL Zitronensaft
½ TL roter Pfeffer
½ TL Basilikumsenf oder anderen

Estragon waschen und in gröbere Stücke schneiden.
Alle Zutaten in einen Behälter geben und alles gut mit einander pürieren.

Dieses Pesto schmeckt sehr gut zu Spaghetti und kann sowohl mittags als auch abends zu Nudeln oder leichten Getreidegerichten wie z. B. Maisgrießbällchen gegessen werden. Estragon ist in den Sommermonaten zu erhalten. Er regt die Verdauung an, wirkt harntreibend und ist reich an Mineralien.

Herbstgerichte, um Vata zu besänftigen

Kürbis-Kartoffelsuppe

Portion: für 4 Personen

Zubereitungszeit ca. 15 Minuten

1 kleinen Hokaido
4 Kartoffeln
Ghee (geklärte Butter)
saure Sahne
1 gestrichenen El frisch geriebenen Ingwer
½ Tl Salz
½ Tl Kurkuma (Gelbwurzpulver)

Hokaido waschen, vierteln, Kerne entfernen und mit der Schale in größere Würfel schneiden.
Kartoffeln schälen und ebenfalls in gröbere Stücke schneiden.
½ l kochendes Wasser hinzufügen und das Gemüse auf mittlerer Stufe knapp 10 Minuten weich kochen. Danach wird alles mit dem Wasser im Mixer püriert.
In der Zwischenzeit erwärmen Sie Ghee auf niedriger Stufe, fügen den frisch geriebenen Ingwer hinzu und bräunen ihn an.
Kurkuma und Salz hinzugeben und das pürierte Gemüse untermischen. Je nach Konstitution mit ¼-½ Becher Sahne abschmecken oder diese extra servieren.

Kapha sollte generell weniger Sahne essen, während ein Vata ruhig mehr Sahne nehmen darf. Die Sahne lässt sich gut einzeln in einem extra Schälchen auf den Tisch stellen, dann kann jeder seine Menge selbst bestimmen.

Kürbis-Karottensuppe mit Mandarinen und Zitronenpfeffer

Portion: für 4 Personen

Zubereitungszeit ca. 20 - 25 Minuten

½ Hokaido
2 Karotten
Ghee (geklärte Butter)
1 TL frisch geriebenen Ingwer
½ TL Kurkuma (Gelbwurzpulver)
½ TL Curry
1 gestrichenen TL Steinsalz
1 knappen TL Zitronenpfeffer
3 Mandarinen
½ Becher saure Sahne

Hokaido waschen, vierteln, Kerne entfernen und die Hälfte des Kürbisses mit der Schale in größere Würfel schneiden.
Karotten schälen und ebenfalls in gröbere Stücke schneiden.
½ l kochendes Wasser hinzufügen und das Gemüse auf mittlerer Stufe ca. knapp 10 Minuten weich kochen. Danach wird alles mit dem Wasser im Mixer püriert.
In der Zwischenzeit erwärmen Sie Ghee auf niedriger Stufe, fügen den frisch geriebenen Ingwer hinzu und bräunen ihn an.
Kurkuma (Gelbwurzpulver) und Curry hinzugeben und das Aroma der Gewürze entfalten lassen.
Das pürierte Gemüse untermischen.
Mit Salz und Zitronenpfeffer hinzugeben.
Sahne unterrühren oder extra servieren.
Ganz zum Schluss kommen die geschälten Mandarinenscheiben
Eventuell mit Zitronenpfeffer garnieren.

Eine leckere, fruchtige Suppe, die sehr schön Vata besänftigt.

Chinakohl

Portion: für 4 Personen

Zubereitungszeit ca. 30 – 35 Minuten

600 g Chinakohl
1 EL Ghee (geklärte Butter)
1 TL Kreuzkümmelsamen
1 TL schwarze Zwiebelsamen
1 MSP Asafötida (Hing)
1 TL Steinsalz

Den Strunk vom Chinakohl entfernen. Den Rest in Streifen schneiden und waschen.
Ghee in einem Topf erwärmen.
Kreuzkümmelsamen und Zwiebelsamen darin anrösten.
Chinakohl hinzugeben.
Asafötida und Salz unterrühren und das Gemüse weich kochen.

Chinakohl ist eine der wenigen Kohlsorten, die von vielen vertragen wird. Deshalb setze ich diesen Kohl bei Seminarbekochungen gerne ein. Andere Kohlsorten, wie Weißkohl, verwende ich gar nicht oder nur wenig. Statt Chinakohl nehme ich auch gerne Spitzkohl. Ein Rezept für Spitzkohl finden Sie auf Seite 49.

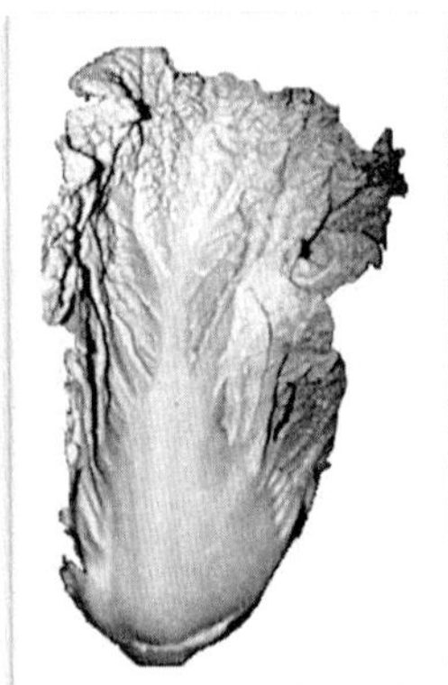

Pilzgemüse

Portion: für 4 Personen

Zubereitungszeit ca. 25 – 30 Minuten

600 g Champignons
1 EL Sesamöl
1 TL Ajwain
1 TL Thymian
1 MSP Asafötida (Hing)
1-2 TL Steinsalz
frischen Basilikum

Pilze nur waschen, wenn viel Erde an ihnen hängt. Ansonsten den Stiel etwas kürzen und halbieren.
Sesamöl in einem Topf erwärmen.
Gewürze hinzufügen und mit dem Öl verrühren.
Wenn sich das Aroma entfalten hat, Pilze hinzugeben, mit dem Gewürzöl gut vermengen und weich kochen.
Gelegentlich umrühren.
Wenn die Pilze fertig sind, mit dem Basilikum dekorieren.

Pilze sind zwar laut dem Ayurveda schwer zu verdauen, trotzdem brauchen Sie nicht ganz darauf zu verzichten. Schließlich essen Sie sie nicht täglich.

Kürbisgemüse, indisch-französisch

Portion: für 4 Personen

Zubereitungszeit 20 Minuten

1 mittleren Hokaido (ca. 400-500 g)
2 TL Ghee (geklärte Butter)
2 TL Senfsamen
1 EL frisch geriebenen Ingwer
1 TL frisch gemahlenen Koriandersamen
1 TL Kräuter der Provence
1 gestrichenen TL Kurkuma (Gelbwurzpulver)
½ TL Curry
½ TL Salz
1 MSP Muskat

Hokaido waschen, vierteln und Samen mit dem faserigen Fruchtfleisch entfernen. Anschließend in mundgerechte Würfel schneiden.
Gewürze in Ghee anrösten. Zuerst Senfsaat im Ghee poppen lassen. Dann Koriandersamen, Ingwer und Kräuter der Provence hinzugeben, anschließend die gemahlenen Gewürze und das Salz.
In Würfel geschnittenen Kürbis hinzugeben und auf niedriger Flamme im geschlossenen Topf weich garen.

Hokaido braucht nicht geschält zu werden, sondern kann mit der Schale gekocht werden. Dies gibt dem Kürbis seinen nussigen Geschmack. Für Vata und Pitta ein herrliches Gemüse. Da der Hokaido Kapha erhöht, dürfen Kaphas den Kürbis scharf würzen, um seine süße und schwere auszugleichen.

Sellerie-Kartoffelgemüse in Curryrahm

Portion: für 4 Personen

Zubereitungszeit ca. 20 - 25 Minuten

½ Knolle Sellerie
4 kleine Kartoffeln
1-2 EL Dinkelmehl
6 EL süße Sahne
1 Gemüsebrühwürfel
1 TL Curry
½ TL Koriander
½ TL Kreuzkümmel
Zitronensaft
Muskat
½-1 TL Steinsalz

Sellerie und Kartoffeln schälen, in mundgerechte Würfel schneiden.
½ l Wasser zum Kochen bringen, Gemüsebrühwürfel und Gemüse hineingeben und ca. 10-15 Minuten kochen lassen, bis das Gemüse weich ist.
In der Zwischenzeit Gewürze, Sahne und Dinkelmehl vermischen und unter das Gemüse rühren.
Kurz aufkochen und Soße andicken lassen.
Mit Zitronensaft, Muskat und Salz abschmecken.

Weißkohl mit Paneer

Portion: für 4 Personen

Zubereitungszeit ohne Paneer ca. 30 - 35 Minuten

400 g Weißkohl
2-3 TL Ghee (geklärte Butter)
1 TL Kala Jeera (Schwarzkreuzkümmel)
½ TL Kurkuma (Gelbwurzpulver)
½ TL Paprikapulver
1 MS Chilipulver
1 TL Steinsalz
1-2 Knoblauchzehen

Strunk vom Weißkohl und die äußeren Blätter entfernen, den Rest in Streifen schneiden.
Ghee im Topf auf niedriger Stufe erwärmen und den schwarzen Kreuzkümmel darin anrösten bis er anfängt zu knistern. Dann die gemahlenen Gewürze hinzufügen.
Wenn sich das Aroma der Gewürze entfaltet hat, das Gemüse in den Topf geben und mit den Gewürzen vermengen.
Mit ½ Tasse Wasser ablöschen und bei geschlossenem Topf 20 Minuten köcheln lassen.
Zum Schluss 1 gepresste Knoblauchzehe und den Paneer unter das Gemüse heben und 5 Minuten durchziehen lassen.

Fenchelgemüse

Portion: für 4 Personen

Zubereitungszeit ca. 25 – 30 Minuten

600 g Fenchel
1 EL Ghee (geklärte Butter)
1 TL Curry
1 TL schwarzes Steinsalz
3-4 TL frische Korianderblätter (wahlweise 2 TL getrocknete)

Den Rand des dicken Ende und das Äußere an den langen Enden vom Fenchel abschneiden. Die äußere Hülle entfernen.
Den Rest in Streifen schneiden und waschen.
Ghee in einem Topf erwärmen.
Curry darin anrösten, bis er sein Aroma entfaltet.
Salz und Fenchel hinzugeben.
Gut mit dem Curry verrühren und mit wenig Wasser ablöschen.
Zum Kochen bringen und Gemüse auf mittlerer Stufe weich kochen.
Zum Schluss die frischen Korianderblätter darüber streuen.
Wenn Sie getrockneten Koriander verwenden, dann geben Sie das Kraut mit dem Fenchel zusammen in den Topf.

Fenchel ist ein hervorragendes Gemüse für Vata. Kann allerdings im Übermaß genau das bewirken, was er im Grunde verhindern soll – sprich: blähen. Also auch hier ist wichtig, das Richtige Maß für sich zu finden.

Brokkoli

Portion: für 4 Personen

Zubereitungszeit ca. 15 – 20 Minuten

600 g Brokkoli
1-2 EL Sesamöl
1-2 TL Senfsaat
1 große Scheibe Ingwerwurzel, frisch gerieben
1 MSP Asafötida (Hing)
1-2 TL Steinsalz

Vom Brokkoli die Röschen abschneiden und waschen. Strunk und restlichen Teile können für eine Gemüsesuppe weiterverwendet werden.
Sesamöl in einem Topf erwärmen und die Senfsaat darin zum Poppen bringen.
Hat die Senfsaat ausgepoppt, dann Ingwer, Asafötida und Steinsalz hinzufügen und Ingwer leicht anbräunen.
Brokkoli mit dem Gewürzsud gut vermischen.
Mit etwas Wasser ablöschen und das Gemüse weich kochen.
Evtl. mit gerösteten Mandelblättchen dekorieren.

Brokkoli ist für alle Typen gut zu vertragen und sogar Vata kann ihn in der Regel ohne anschließende Blähungen verzehren.

Blumenkohl

Portion: für 4 Personen

Zubereitungszeit ca. 25 – 35 Minuten

500 g Blumenkohl
2-3 Tomaten
1 EL Ghee (geklärte Butter)
1 cm Scheibe Kokosblock
1 TL Zwiebelsamen
größere Scheibe Ingwerwurzel, frisch gerieben
1 TL Curry
1 TL Paprikapulver
1 TL Steinsalz
Wasser

Röschen vom Strunk abtrennen, evtl. halbieren und waschen.
Tomaten mit kochendem Wasser übergießen, einritzen und nach ca. 2-3 Minuten enthäuten. Aufschneiden und Kerne entfernen.
Ghee und Kokoscreme in einem Topf erwärmen.
Zwiebelsamen und Ingwer darin anbräunen.
Gewürzpulver und Salz dazugeben. Aroma entfalten lassen.
Tomaten im Sud 2-3 Minuten köcheln.
Blumenkohl und Wasser zufügen und Blumenkohl weich kochen.

Bei Blumenkohl müssen Vata-Konstitutionen vorsichtig sein, da er neben Weißkohl die meisten Blähungen verursachen kann. Für diesen Typ sollte der Kohl sehr weich gekocht sein und wenn er gar nicht vertragen wird, dann am Besten ganz aus dem Speiseplan streichen.

Rotkohl

Portion: für 4 Personen

Zubereitungszeit ca. 35 – 40 Minuten

600 g Rotkohl
2-3 TL Ghee (geklärte Butter)
2-3 ganze Nelken
2 Lorbeerblätter
1 Zitronenblatt
1 TL Galgantpulver
1 TL Steinsalz
heißes Wasser

Äußere Blätter des Kohls entfernen, halbieren, Strunk rausschneiden und in feine Streifen schneiden.
Ghee in einem Topf erwärmen.
Nelken, Lorbeerblätter und Zitronenblatt im Ghee anrösten.
Galgantpulver und Salz zufügen.
Rotkohl in den Topf geben, mit dem Sud gut mischen und mit 1 Becher Wasser auffüllen.
Gut weich kochen.

Rotkohl ist ausnahmsweise eine wärmende Kohlsorte und kann von Vata besser vertragen werden als alle anderen Sorten. Pitta sollte nicht zu viel davon essen. Am idealsten ist der Kohl für Kapha.

Wintergerichte, um Vata und Kapha zu besänftigen

Süßkartoffel-Pastinaken-Gemüse vom Blech

Portion: für 4 Personen

Zubereitungszeit ca. 30 - 35 Minuten

300 g Süßkartoffel
300 g Pastinake
Für die Sauce:
4 EL Rapsöl
Saft einer halben Zitrone
2 gestrichene TL Kräuter der Provence
1 EL Sojasauce
½ TL frisch gemahlener grüner Pfeffer

Pastinake und Süßkartoffel schälen, waschen und in Scheiben schneiden. Das Gemüse auf dem Blech verteilen.
Aus Rapsöl, Sojasauce, Zitrone und Gewürzen eine Sauce zubereiten, über dem Gemüse verteilen und gut vermischen.
Umluftherd auf 175 Grad einschalten und Gemüse ca. 25 Minuten backen.
Eventuell mit Salz und Pfeffer abschmecken.

Ein super leicht und schnell herzustellendes Gemüse. Süßkartoffel und Pastinake sind gute Gemüsesorten für Vata und Pitta. Kapha darf bei diesem Gemüse gerne scharf würzen und mehr Pfeffer verwenden (ggf. Chili hinzufügen).

Pastinaken-Süßkartoffelgemüse

Portion: für 4 Personen

Zubereitungszeit ca. 20 - 25 Minuten

400 g Pastinake
200 g Süßkartoffeln
1-2 TL Ghee (geklärte Butter)
1 TL Ajwain
½ TL Garam Masala
1 TL Paprikapulver
½ TL schwarzer Pfeffer
½ TL Salz
Petersilie zum Garnieren

Das Gemüse schälen und in mundgerechte Würfel schneiden.
Ghee im Topf auf niedriger Stufe erwärmen und die Gewürze hinzugeben. Zuerst den Ajwain anrösten bis sich sein Aroma entfaltet, danach die pulverisierten Gewürze bis auf den Pfeffer.
Gemüse mit dem Gewürzsud mischen und so lange auf niedriger Stufe im eigenen Saft garen bis es weich ist.
Mit Pfeffer und Salz abschmecken.
Mit Petersilie dekorieren.

Chinakohlgemüse mit Möhren

Portion: für 4 Personen

Zubereitungszeit ca. 25 - 30 Minuten

400 g Chinakohl
2 Möhren
1 EL Ghee (geklärte Butter)
1 TL Kala Jeera (Schwarzkreuzkümmel)
1 TL Bockshornkleesamen
1 TL milden Paprika
1 MS Chili
1 TL getrockneten Basilikum
½ TL Salz
1 EL Sojasauce (wahlweise)

Das dicke Ende vom Chinakohl abschneiden. Kohl in Streifen schneiden und waschen.
Möhren schälen und in Scheiben schneiden.
Ghee im Topf auf niedriger Stufe erwärmen. Kala Jeera hinzufügen und anrösten.
Gemahlene Gewürze in den Gewürzsud geben. Wenn sich das Aroma entfaltet hat, das Gemüse mit dem Sud gut vermischen.
Bockshornkleesamen und Basilikum unterrühren. Mit einer ½ Tasse Wasser ablöschen und auf mittlerer Stufe köcheln lassen bis das Gemüse weich ist.
Zum Schluss mit Salz und/oder Sojasauce abschmecken.

Butternusskürbiscurry

Portion: für 4 Personen

Zubereitungszeit ca. 30 – 35 Minuten

500 g Butternusskürbis
3 rote Zwiebeln
2 TL Ghee (geklärte Butter)
1 Zimtstange
½ TL Kurkuma (Gelbwurzpulver)
1-2 TL Curry
300 ml Kokosmilch
2 TL Bockshornkleesamen
½-1 TL Salz
grüner Pfeffer

Kürbis vierteln, schälen, die Kerne mit einem scharfkantigen Löffel entfernen und das Fruchtfleisch in 3 cm große Würfel schneiden.
Zwiebeln abziehen und in Ringe schneiden.
Ghee im Topf erwärmen. Zwiebeln darin glasig dünsten.
Zimtstange, Kurkuma (Gelbwurzpulver) und Curry hineingeben und die Gewürze anrösten, bis sich ihr Aroma entfaltet.
Kokosmilch hinzugießen, mit dem Sud verrühren und Bockshornkleesamen und Gemüse hineingeben.
Das Gemüse so lange köcheln, bis es weich ist.
Zum Schluss mit Salz und grünem Pfeffer abschmecken.

Pastinake-Rote Bete Suppe

Portion: für 4 Personen

Zubereitungszeit ca. 30 Minuten

300 g Rote Bete
200 g Pastinake
1-2 TL Ghee (geklärte Butter)
1 cm frische Ingwerwurzel
½ frische grüne Chilischote
1 MSP schwarzer Pfeffer
1 MSP Asafötida (Hing)
1 MSP Kardamom
500 ml Wasser
½-1 TL Salz

Gemüse schälen und grob würfeln.
Ghee im Topf erwärmen und geriebenen Ingwer und Chili darin etwas anbräunen.
Die gemahlenen Gewürze in den Sud geben und verrühren.
Wenn sich das Aroma entfaltet hat, Gemüse und Wasser in den Topf geben. Zum kochen bringen und so lange kochen bis das Gemüse weich ist.
Wenn das Gemüse weich ist, pürieren und mit Salz abschmecken.

Ein Freund von uns war ganz empört, dass er dieses Rezept in meinem ersten Kochbuch („Ayurvedaküche – leicht und schnell") nicht gefunden hat. Deshalb möchte ich mein Versäumnis hiermit nachholen. Diese Suppe habe ich schon oft gekocht und sie kommt immer gut an. Rote Bete ist ein wärmendes und erdendes Gemüse und ist hervorragend für Vata geeignet. Für Pitta und Kapha in Maßen aber vor allem im Winter auch sehr gut. Rote Bete schmeckt sehr süß und kann zusammen mit Mung Dal (gelbe Linsen) auf Dauer durchaus den Schokoladenkonsum reduzieren.

Einfache Pastinake-Rote Bete Suppe

Portion: für 4 Personen

Zubereitungszeit ca. 25 - 30 Minuten

200 g Rote Bete
200 g Pastinake
1 L Gemüsebrühe
getrockneter Basilikum

Gemüse schälen und in mundgerechte Würfel schneiden.
Gemüse in einen Topf geben.
Basilikum und Gemüsebrühe hinzufügen und Gemüse weich kochen.

So einfach kann es gehen eine leckere Gemüsesuppe zuzubereiten. Diese Suppe ist im Ferienhotel Sagasfeld entstanden und wurde von den Gästen so begeistert angenommen, dass ich das Rezept hier mit aufnehmen möchte. Suppen jeglicher Art eignen sich sehr, um Vata zu besänftigen und diesen Typ warm zu halten.

Getreidegerichte

Gelber Reis mit Methiblättern

Portion: für 4 Personen

Zubereitungszeit 15 Minuten

2 TL Ghee (geklärte Butter)
1 TL Senfsaat
2 TL Methiblätter (Bockshornkleeblätter)
1 TL Kurkuma (Gelbwurzpulver)
1 TL Curry
Zitronensaft
Cashewkerne
½-1 TL Steinsalz
2 Tassen Reis
4 Tassen Wasser

Ghee in einem Topf auf niedriger Stufe erwärmen und die Senfsaat darin poppen lassen.
Anschließend die Methiblätter und gemahlenen Gewürze darin anrösten bis sich ihr Aroma entfaltet.
Reis, Cashewkerne, Salz und Zitronensaft hinzugeben und mit dem Gewürzsud vermischen.
Mit Wasser ablöschen und zum Kochen bringen.
Wenn das Wasser kocht, die Platte herunterschalten und den Reis quellen lassen.

Auch dieses Reisgericht ist eine schnell zubereitete Beilage zum Mittagessen. Methiblätter haben, wie ich finde, einen interessanten Geschmack und sind sehr gut für das oft angeschlagene Nervensystem von Vata.

Einfacher Reis mit Kardamom

Portion: für 4 Personen

Zubereitungszeit 10-15 Minuten

1 Becher Basmatireis
2 Becher Wasser
1 EL Olivenöl
5-10 Kardamomkapseln
½-1 TL Salz

Reis und Wasser in einen Topf geben, Öl, Salz und Kardamomkapseln hinzufügen.
Das Wasser zum Kochen bringen, Platte ausschalten und den Reis quellen lassen.

Einfachen Reis mit Kardamom verwende ich sehr gerne, wenn die Kombination des Mittagessens besonders stark gewürzte Gemüse und Dal enthält.

Köstlich duftender Orangenreis

Portion: für 4 Personen

Zubereitungszeit ca. 10 - 15 Minuten

1 Becher Reis
1 Becher Wasser
1 Becher Saft von frisch ausgepressten Orangen (ca. 2-3 Stück)
2 MSP Safran
abgeriebene Schale einer halben Orange
Pistazien zum Dekorieren

Basmati waschen, in einen Topf geben.
Wasser, Orangensaft und Orangenschale hinzufügen und zum Kochen bringen.
Platte ausschalten und Reis quellen lassen. Kurz bevor er fertig ist Safran unterrühren.
Mit Pistazien dekorieren.

XX

Curryreis mit Rosinen

Portion: für 4 Personen

Zubereitungszeit 10-15 Minuten

1 EL Öl
1 TL Curry
½ TL Kurkuma (Gelbwurzpulver)
1 Hand voll Rosinen
1 Becher Reis
2 Becher Wasser

Öl in einen Topf geben und Gewürze anrösten.
Rosinen und Reis hineingeben und anbräunen.
Mit Wasser ablöschen und zum Kochen bringen.
Das Wasser zum Kochen bringen, Platte ausschalten und den Reis quellen lassen.

Dieser Reis schmeckt durch die Rosinen leicht süßlich. Wie den einfachen Reis serviere ich ihn gerne zu scharf gewürzten Speisen.

XX

Apfelreis mit Rosinen

Portion: für 4 Personen

Zubereitungszeit ca. 15 Minuten

1 Becher Reis
2 Becher Wasser
1-2 TL Ghee (geklärte Butter)
1 Apfel
1 Handvoll Rosinen
2 cm Scheibe frisch geriebener Ingwer

Basmati waschen.
Ghee in einem Topf erwärmen und Ingwer darin anbräunen.
Reis hinzufügen und ebenso anrösten.
Äpfel, Rosinen und Wasser hinzugeben.
Zum Kochen bringen, Platte runterschalten und quellen lassen.

Hirsebällchen mit Tomate

Portion: für 4 Personen

Zubereitungszeit ohne Abkühlzeit 45 - 50 Minuten

1 Becher Hirse
3-4 Becher Wasser
2 Tomaten
½-1 TL Salz
1 gestrichenen TL grüner Pfeffer
1 gestrichener TL getrocknetes Basilikum oder 1 EL frisches Basilikum

Hirse waschen. In einen Topf geben und mit dem Wasser zum Kochen bringen.
Platte herunter schalten und Hirse ausquellen lassen.
In der Zwischenzeit die Tomaten mit heißem Wasser übergießen, anritzen und 2-3 Minuten liegen lassen.
Danach die Schale abziehen, pürieren und mit den Gewürzen verrühren.
Wenn die Hirse weich ist, abkühlen lassen.
Dann die Tomatensauce unter die Hirse heben und Bällchen formen.
Im Backofen bei 175 Grad Umluft von beiden Seiten braun werden lassen.

Maisgrieß-Bällchen mit Paneer

Portion: für 4 Personen

Zubereitungszeit ohne Abkühlzeit ca. 35 - 40 Minuten

100 g Maisgrieß
100 g Weizen- oder Dinkelgrieß
300-400 ml Wasser
Paneer aus 1 L Milch
1 TL Paprikapulver
1 MSP Chili

Grieß in einen Topf geben. Paprikapulver, Chili und Wasser hinzufügen und aufkochen.
Platte ausschalten, Grieß quellen lassen.
Danach abkühlen lassen, Paneer zerbröseln, untermischen und Bällchen formen.
Backblech mit Ghee bestreichen, die Bällchen darauf verteilen und im Backofen bei ca. 170 Grad Umluft goldbraun werden lassen.

Couscous-Bällchen mit Schnittlauch

Portion: für 4 Personen

Zubereitungszeit ohne Abkühlzeit ca. 30 – 35 Minuten

200 g Couscous
350-400 ml Wasser
1 TL Steinsalz
1 Bund Schnittlauch

Couscous in einen Topf geben.
Schnittlauch und Salz hinzufügen und gut mischen.
Mit kochendem Wasser übergießen und quellen lassen.
Die abgekühlte Masse gut kneten und Bällchen formen.
Backblech mit Ghee bestreichen, die Bällchen darauf verteilen und im Backofen bei ca. 170Grad Umluft goldbraun werden lassen.

Khichari für alle Typen

Portion: für 4 Personen

Zubereitungszeit ca. 40 – 45 Minuten

1 Becher gelber Mung Dal
1 Becher Basmatireis
1 Fenchelknolle
1 Karotte
300 g Mangold
1 EL Ghee
1 TL Kreuzkümmel
1 TL Fenchelsamen
1 TL frisch gemörserten Koriandersamen
1 TL frisch geriebenen Ingwer
½ TL Kardamom
½ TL Kurkuma
4-5 Becher Wasser
½ TL Steinsalz
Oreganoblättchen zum Garnieren

Mung Dal waschen und 2-4 Stunden einweichen, anschließend abgießen und abtropfen lassen.
Reis waschen und abtropfen lassen.
Fenchel und Karotte schälen und in mundgerechte Stücke würfeln.
Mangold putzen, waschen und in Streifen schneiden.
Ghee auf niedriger Stufe erwärmen, Samen hinzugeben und anbraten, bis sie beginnen zu springen.
Frisch geriebenen Ingwer hinzufügen und leicht anbräunen. Die gemahlenen Gewürze in den Sud rühren und mitrösten, bis sich das Aroma entfaltet hat.
Dann Reis, Mung Dal und das Gemüse mit dem Gewürzsud vermischen.

Das Wasser hinzufügen und Khichari zum Kochen bringen, Hitze reduzieren und bei schwacher Hitze 25 – 30 Minuten köcheln lassen, bis der Dal weich ist. Zum Schluss salzen und mit Oregano dekorieren.

Dieses Rezept habe ich meinem Buch „Ayurvedaküche – leicht und schnell", Pala Verlag entnommen, wo einige weitere Khichari-Rezepte zu finden sind. Diese Kombination ist für alle Typen geeignet. Pitta und Vata können sich vor dem Servieren noch zusätzliches Ghee darüber träufeln. Kapha sollte kein zusätzliches Ghee verwenden.

Desserts und Backwaren

Ayurvedische Bananencreme

Portion: für 4 Personen

Zubereitungszeit ca. 25 - 30 Minuten

1 EL Ghee (geklärte Butter)
1 TL Mangopulver
1 TL Korianderpulver
½ TL Kardamompulver
1 EL Rapadura-Roh-Rohrzucker
50 g gemahlene Mandeln
1 Banane
½ l Flüssigkeit (1:1 Sahne und Wasser oder 2:3 Sahne und Wasser oder Reisdrink pur)
1 Päckchen Vanillepuddingpulver

Ghee in einem Topf auf niedriger Stufe erwärmen, Gewürze hinzufügen und anrösten bis sich das Aroma entfaltet.
Zucker und Mandeln in der Ghee-Gewürzmischung ca. 10 Minuten anrösten. Dabei karamellisiert der Zucker.
Banane schälen, in den Topf geben und mit dem Zucker und den Mandeln pürieren.
Von ½ l Flüssigkeit 4-5 EL abnehmen und das Puddingpulver darin anrühren.
Die restliche Flüssigkeit mit dem Püree verrühren und zum Kochen bringen.
In die kochende Bananensoße nun das Puddingpulver unterschlagen.

Das ist ein Dessert für Vata. Für Pitta in Maßen und für Kapha ganz zu meiden.

Kastaniennougat

Portion: für 4 Personen

Zubereitungszeit ohne Abkühlzeit ca. 20 – 25 Minuten

4 EL Ghee (geklärte Butter)
2 TL Zimt
3 EL Kichererbsenmehl
4 EL Kastanienmehl
1 EL Honig

Ghee in der Pfanne auf niedriger Stufe erwärmen und den Zimt darin anrösten, ca. 1-2 Minuten.
Danach das gesiebte Kichererbsenmehl und Kastanienmehl im Ghee anrösten, ca. 10-15 Minuten. Je länger desto aromatischer schmeckt der Kastaniennougat hinterher.
Masse erkalten lassen und mit dem Honig vermengen.
Auf einem Teller ausstreichen und in Rauten schneiden oder aus der Masse Kugeln formen.

Obstsalat mit Ingwer-Tamarindensauce

Portion: für 4 Personen

Zubereitungszeit ca. 20 –25 Minuten

2 Orangen
1 Grapefruit
1 Apfel
1 halbe ausgepresste Limone
¼ TL Tamarindenkonzentrat
½ TL Bourbon-Vanille
1 TL frisch geriebenen Ingwer
1-2 TL Rapadura-Roh-Rohrzucker
2 EL karamellisierte Mandelsplitter

Das Obst schälen und in Würfel schneiden.
Limonensaft, Tamarindenextrakt, Bourbon-Vanille und geriebenen Ingwer zu einer Sauce verrühren.
Sauce über das Obst gießen, vermischen und 1 Stunde durchziehen lassen.
Vollrohrzucker in eine Pfanne geben und auf mittlerer Stufe erwärmen.
Die Mandelsplitter hinzugeben und karamellisieren. Dabei die Mandelsplitter mit dem Zucker immer wieder mit einem Rührlöffel mischen. Wenn die Mandelsplitter karamellisiert sind, abkühlen lassen. Während des Abkühlens die karamellisierten Mandelsplitter immer wieder zerstoßen und anschließend über den Obstsalat geben.

Rohes Obst ist zwar laut dem Ayurveda nicht so gut bekömmlich. Wer es jedoch vertragen kann, möchte vielleicht nicht auf einen Obstsalat verzichten. Aber bitte ohne Sahne oben drauf, denn der saure Geschmack mit Milchprodukten kombiniert zählt streng gesehen zu den unverträglichen Nahrungsmittelkombinationen. Außer Sie haben ein gutes Agni (Körperfeuer), dann dürfen Sie auch dieses selten essen. Der Obstsalat kann im Sommer gegessen durchaus eine Mittagsmahlzeit ersetzen.

Mango mit Ricotta

Portion: für 4 Personen

Zubereitungszeit ca. 5 Minuten

1 Mango
1 Packung Ricotta
Pistazien und Zitronenmelisse zum Dekorieren

Mango schälen, halbieren und den Kern entfernen.
Alle Zutaten miteinander pürieren.
In Schälchen füllen und mit Pistazien und Zitronenmelisse dekorieren.

Aprikosen-Sahne-Dessert

Portion: für 4 Personen

Zubereitungszeit ca. 10 Minuten

10 getrocknete Aprikosen
250 g Sahne
½ TL Ingwerpulver

Alle Zutaten zu einer homogenen festen Masse pürieren.
Aufpassen – super süß!

Johannisbeeren

Portion: für 4 Personen

Zubereitungszeit ca. 30 – 35 Minuten

400 g Johannisbeeren
1 Becher Wasser
3 EL Roh-Rohrzucker
1 TL frisch geriebenen Ingwer
1 MSP Nelkenpulver
4 EL Tapiocastärke

Johannisbeeren abzupfen und waschen.
Alle Zutaten bis auf die Tapiocastärke in einen Topf geben und zum Kochen bringen.
Platte herunterdrehen und die Johannisbeeren ca. 15 Minuten auf mittlerer Stufe weiter köcheln. Dabei mehrmals umrühren, damit die Beeren nicht am Topfboden ansetzen.
Tapioca mit etwas kaltem Wasser anrühren und unter die Johannisbeeren schlagen. Quellen lassen und evtl. nachzuckern.

Mit Gewürzen Ihrer Wahl können Sie auf diese Art und Weise aus jedem Obst ein Kompott zubereiten. Kompott ist ein leicht zu verdauendes Dessert. Beeren jeder Art sind auf Grund ihres häufig sauren Geschmackes nicht für jeden bekömmlich. Pitta sollte mit dem Konsum von Beeren vorsichtig sein, ebenso Kapha. Ein gesunder Vata kann Beeren gut vertragen. Wenn wir keine Sahne dazu essen, brauchen wir uns auch nicht zu schwer danach fühlen. Denn sauer und Milch = unzuträgliche Nahrungsmittelkombination.

Gebackene Bananen mit Traubenkompott

Portion: für 4 Personen

Zubereitungszeit ca. 25 – 30 Minuten

Für die gebackenen Bananen:
2 Bananen
2-3 TL Ghee (geklärte Butter)
etwas Sharkara (ayurvedischer Zucker) oder Honig (wahlweise)
Für das Traubenkompott:
400 g Trauben
1 gestrichenen TL Kardamom
½ TL Korianderpulver
1 MSP Nelkenpulver
1 Tasse Wasser

Bananen schälen, halbieren und in eine Auflaufform legen.
Ghee mit Sharkara mischen und Bananen damit einpinseln.
Auflaufform mit Alufolie abdecken und bei 175 Grad Heißluft backen. Die Bananen können auch in der Pfanne gebacken werden.
Bei Verwendung von Honig, die fertig gebackenen abgekühlten Bananen mit Honig einpinseln.

Kompott:
Trauben abzupfen, waschen und mit den Gewürzen in einen Topf geben.
Mit etwas Wasser zum Kochen bringen.
Hitze herunterschalten und ca. 5-10 Minuten auf niedriger Hitze köcheln.
Bananen auf einem Dessertteller verteilen und Kompott darüber geben.

Karottenkuchen vom Blech

Portion: Ergibt ein großes Backblech

Zubereitungszeit ca. 70 – 75 Minuten

1 Packung Butter
200 g Roh-Rohrzucker
1 TL Zimt
1 TL Koriander
½ TL Nelkenpulver
400 g fein geraspelte Möhren
350 g Dinkelmehl
1 EL Orangenwasser
3 EL Sojamehl
1 Päckchen Weinsteinbackpulver
2-3 EL erwärmte Aprikosenmarmelade

Butter in einem Topf auf niedriger Stufe zerlassen.
Zucker hinzugeben und leicht karamellisieren.
Gewürze darin auflösen.
Möhren, Mehl und restliche Zutaten miteinander vermischen.
Die zerlassene Butterlösung darüber geben und mit einem Rührhaken zu einem Teig verarbeiten.
Teig auf einem eingefetteten oder mit Backpapier ausgelegten Backblech verteilen und bei 180 Grad 1 gute Stunde backen.
Wenn der Kuchen fertig gebacken ist, mit der erwärmten Aprikosenmarmelade bestreichen.

Das Rezept für diesen Kuchen entstand während einer Seminarbekochung. Viele der Teilnehmer freuten sich neben den Hauptmahlzeiten immer auf die Teepausen, denn „da gibt es so leckere Dinge zu naschen“. Und nachdem mein erstes Kochbuch bereits einige Zeit auf dem Markt gewesen ist, fragten sie, wann denn das nächste erscheint.

XX

Muffin-Grundrezept

Portion: 12 Stück

Zubereitungszeit ca. 65 – 70 Minuten

1 Packung zerlassene Butter
200 g Roh-Rohrzucker
1 TL Zimt
1 TL Koriander
¼ TL Nelkenpulver
1 Päckchen Weinsteinbackpulver
2 TL Pottasche
4 EL Sojamehl
400 g Mehl
100 ml Reisdrink

Butter in einem Topf zerlassen.
Zucker in der aufgelösten Butter karamellisieren.
Gewürze darin auflösen.
Trockene Zutaten miteinander vermischen.
Butter-Zuckerlösung darüber verteilen und mit einem Rührhaken zu einem Teig verarbeiten.
Mit Reisdrink zu einem Rührteig verarbeiten.
Muffinbackform mit Papierförmchen auslegen und Teig darin verteilen.
Bei 180 Grad im Backofen ca. 50 Minuten backen.

Die Muffins entstanden auf Grund eines Geburtstagswunsches. Als kreativer Mensch kann ich zum Glück schnell ein neues Rezept aus dem Ärmel schütteln. Durch die Pottasche werden die Muffins schön locker und luftig. Wenn Sie dem Grundrezept unterschiedliche Zutaten wie Cranberries, Rosinen, gehackte Nüsse, Mandelsplitter, Schokostreusel oder Kakao hinzugeben, können Sie das Rezept immer wieder variieren.

Brotfladen

Papadam

Portion: 1-2 Papadam pro Person

Zubereitungszeit 1 - 2 Minuten pro Papadam

Papadam in den Toaster stellen, in einer Pfanne ohne Fett erwärmen oder im Backofen auf einen Rost legen.

Der Papadam ist fertig, wenn er Blasen gebildet hat.
Papadam werden aus Linsenmehl hergestellt und sind beim Inder in allen möglichen Geschmacksvarianten fertig zu kaufen. Papadam sind trocken und je nach Zutaten sehr scharf. Vata und Pitta sollten deshalb nicht allzu viele davon essen und von den Gewürzen mildere Formen auswählen, wie Papadam mit Jeera oder natur. Für Kapha sind Papadam ideal und sie können auch zu den scharfen mit Chili oder Knoblauch greifen. Zudem bieten die Fladen eine ideale Alternative zu Chips an.

Vollweizen-Fladenbrot (Chapati)

Portion: 3-Portionen für 4 Personen

Zubereitungszeit ohne Stehzeit 15 - 20 Minuten

250 g Mehl
100 ml lauwarmes Wasser
½ Tl Salz
frische Kräuter oder Gewürze (wahlweise)

Alle Zutaten mischen und zu einem Knetteig verarbeiten. Das Wasser am Besten langsam hinzugießen und während dem Gießen kneten, solange bis ein fester Teig entsteht.

Den Teig mindestens 30 Minuten ruhen lassen.
Pfanne auf mittlerer Flamme vorheizen.
In der Zwischenzeit den Teig in 12 gleichgroße Bällchen formen, mit etwas Mehl bestäuben und auf einem eingemehlten Brett zu möglichst gleichmäßig runden, dünnen Fladen von etwa 15 cm Durchmesser ausrollen.
Den Fladen in die vorgewärmte Pfanne legen. Wenn auf der Oberfläche kleine, weiße Bläschen erscheinen und sich die Ränder nach oben wölben, den Chapati umdrehen und die andere Seite rösten bis Luftblasen hervortreten.
Den Chapati mit der Zange aufnehmen und beide Seiten für einige Sekunden über die offene Gasflamme halten, bis er sich wie ein Ballon aufbläht. (oder sie toasten den Chapati, das funktioniert auch sehr gut)

Chapati sind ideal für Vata und Pitta, weniger für Kapha. Damit die Chapati für Kapha bekömmlicher sind, kann er das Weizenmehl zur Hälfte mit Buchweizenmehl mischen. Ein weiterer Vorteil ist, dass die Brotfladen ohne Hefe hergestellt werden. Wer gerade unter einer Hefepilzbelastung leidet, kann also getrost Chapati verzehren.

Variante: Der Brotteig lässt sich auch sehr gut mit frischen Kräutern aber auch Gewürzen variieren.

(XX)

Chutney

„Chutneys sind wie das Tüpfelchen auf dem ‚i' und dürfen bei keinem Mittagessen fehlen. Chutneys sind kalt oder warm zubereitete Saucen und enthalten alle sechs Geschmacksrichtungen. Eine wichtige Empfehlung der ayurvedischen Ernährung sagt: „Esse jeden Tag mindestens einmal täglich alle sechs Geschmacksrichtungen". Wenn Sie sich einige Zeit daran gehalten haben, dann spüren Sie, welch positive Wirkung diese Empfehlung auf Stoffwechsel und Wohlbefinden hat." (Zitat aus „Ayurvedaküche – leicht und schnell", S. 45)

(XX)

Kokos-Chutney mit Orange

Portion: für 4 Personen

Zubereitungszeit ohne Stehzeit ca. 5 – 10 Minuten

200 g Kokosflocken, fein
Saft einer frisch ausgepressten Orange
½ Limone
½ TL Kala Nimak
1 TL Paprikapulver
¼ TL Bockshornkleepulver
1 TL frischer Koriander
2 TL frisch geriebenen Ingwer
Schale einer ungespritzten Orange zur Deko

Kokosflocken in eine Schüssel geben und mit dem Orangensaft verrühren.
Restliche Zutaten hinzufügen und gut unter die Masse mischen.
Ca. 1 Stunde ziehen lassen.
Wer es gerne sehr scharf mag, kann sich noch etwas Chilipulver hinzufügen.

Kräutersauce

Portion: für 4 Personen

Zubereitungszeit ca. 5 – 10 Minuten

---

1 Bund frischer Koriander
1 Knoblauchzehe
½ Stange Zitronengras
Olivenöl
¼ TL schwarzes Steinsalz
evtl. Limone zum Abschmecken

Kräuter waschen und in einen Mixbecher geben.
Restliche Zutaten hinzufügen und alles miteinander pürieren.
Evtl. mit etwas Limonensaft abschmecken.
Diese Kräutersauce schmeckt sehr gut zum Mittagessen oder auch als Brotaufstrich.

Mango-Kokos-Chutney mit frischer Minze

Portion: für 4 Personen

Zubereitungszeit ca. 10 – 15 Minuten

---

150 g Mangopulp
2 EL Kokospulver
3 EL Kokosraspel
½ TL Chilipulver
1 gestrichenen TL Bockshornkleepulver
1 EL Limonensaft
1-2 EL frische Minze
Salz zum Abschmecken

Zutaten in einer Schüssel miteinander pürieren.
Kräuter waschen und in einen Mixbecher geben oder fein hacken.
Einen Teil der Minze unterheben und den Rest zum Dekorieren aufheben.
Mit Salz abschmecken und mit der restlichen Minze dekorieren.

Dies ist ein angenehm fruchtig schmeckendes Chutney für die Sommerzeit. Zudem wirken Kokos als auch Minze kühlend auf den Körper.

Karottenraita

Portion: für 4 Personen

Zubereitungszeit ca. 15 - 20 Minuten

---

1 fein geraspelte Möhre
200 g Joghurt
1-2 TL Ghee (geklärte Butter)
1 cm Scheibe Ingwer, gerieben
1 kleine rote Peperoni, gehackt
½ TL Bockshornkleepulver mit 1 MSP Asafötida (Hing)
2 EL frische Petersilie
Salz

Möhren schälen und fein raspeln.
Alle weiteren Zutaten hinzufügen und gut miteinander vermengen.
Kräuter waschen und fein hacken. Einen Teil unter das Chutney rühren und den Rest als Dekoration verwenden.
Mit Salz abschmecken und gut durchziehen lassen.

Kokos-Feigen-Chutney mit Orange

Portion: für 4 Personen

Zubereitungszeit ca. 15 – 20 Minuten

100 g Kokosflocken
Saft einer frisch ausgepressten Orange
½ Limone
½ TL Kala Nimak
1 TL Paprikapulver
¼ TL Bockshornkleepulver
1 TL frischer Koriander
2 TL frisch geriebenen Ingwer
2 frische oder getrocknete Feigen
Schale einer ungespritzten Orange zur Deko

Kokosflocken und frisch geriebenen Ingwer in einem Topf anrösten.
Die restlichen Gewürze hinzufügen und ca. ½ Minute mitrösten.
Klein geschnittene Feigen hinzugeben und mit dem Orangensaft und dem Limonensaft ablöschen.
Ca. 2-3 Minuten köcheln lassen. Fertig. Mit der Schale dekorieren.

Dieses Rezept ist für einen Kochkurs entstanden. Die Teilnehmer hat der Geschmack sehr begeistert. Deshalb habe ich die Kombination in meinem zweiten Buch mit aufgenommen.

Paprika-Aprikosen-Dattel-Chutney

Portion: für 4 Personen

Zubereitungszeit ca. 25 – 30 Minuten

1-2 rote Paprika
ca. 150 g Trockenfrüchte klein schneiden
100 ml Kokosmilch oder 80 g Kokosflocken mit Wasser zu einer Paste verrühren
1 Peperoni
1 TL frisch gemörserten Koriandersamen
1 TL Kreuzkümmel gemahlen
1 MS Bertramwurzelpulver
¼ TL Kalmus
½ TL Bockshornkleepulver
Steinsalz und etwas Limone zum Abschmecken

Kokosflocken, Gewürze und Salz anrösten.
Paprika und Trockenfrüchte dazu geben und mit ½ Becher Wasser ablöschen.
Ca. 20 Minuten köcheln lassen und mit Limonensaft abschmecken.
(Wenn Sie statt Kokosflocken Kokosmilch verwenden, dann rösten Sie erst die Gewürze an, fügen Paprika und Trockenfrüchte dazu. Köcheln die Paprika ca. 10 Minuten weich, geben die Kokosmilch dazu und köcheln noch weitere 10 Minuten.)

Ein Gericht, das sehr gerne verspeist wird. Einmal habe ich versehentlich Tomaten verwendet statt roter Paprika, was eine Welle von Empörung bei denen hervorgerufen hat, die sich das Rezept besonders gut gemerkt hatten.

Ziegenkäse-Ricottasauce

Portion: für 4 Personen

Zubereitungszeit 5 – 10 Minuten

200 g Ziegenkäse
1 Packung Ricotta
2 TL Ghee (geklärte Butter)
½ TL getrockneten Basilikum
½ TL Thymian
1 gestrichenen TL Ajwain
½ TL Majoran

Ghee in einem Topf auf niedriger Stufe erwärmen. Gewürze mit dem Ghee verrühren und warten bis sich das Aroma des Gewürzsuds entfaltet.
Ziegenkäse und Ricotta hinzugeben und mit wenig Wasser zu einer Sauce köcheln.

Ziegenkäse-Ricottasauce ist ein beliebter Ersatz an Stelle von Hülsenfrüchten. Zum Mittagessen schmeckt diese Sauce herrlich würzig und dient uns als Eiweißquelle. Sogar Kapha kann diese Sauce in Maßen genießen. Für Vata ist die Sauce ideal, denn sie schmeckt gut salzig – eine Geschmacksnote, die diesem Typ sehr zu empfehlen ist.

Bohnen- und Linsengerichte

Pikanter Toordal

Portion: für 4 Personen

Zubereitungszeit ca. 40 – 45 Minuten

1 Becher Toordal
3 Becher Wasser
1-2 Lorbeerblätter
1 TL Kurkuma (Gelbwurzpulver)
1 EL Ghee (geklärte Butter)
1 TL Senfsaat
1 TL frisch gemörserten Koriandersamen
1 TL Tandoori Masala
1 TL schwarzes Steinsalz

Toordal waschen und über Nacht einweichen.
Am nächsten Tag das Einweichwasser abgießen und waschen.
Toordal in einen Topf geben. Mit Wasser, Lorbeerblättern und Kurkuma (Gelbwurzpulver) solange kochen bis er gut weich ist. Ggf. Wasser hinzugeben.
Ghee in einem Topf erwärmen. Zuerst die Senfsaat hinzugeben und die Körner bei geschlossenem Topf zum poppen bringen.
Danach die restlichen Gewürze hinzugeben.
Den Gewürzsud über den weich gekochten Toordal geben und gut unterrühren.
Zehn Minuten durchziehen lassen und servieren.

Toordal ist eine sehr ölige Linsensorte. Für Pitta ist sie zum regelmäßigen Verzehr weniger gut geeignet. Kapha und Vata können das Gericht gut gekocht besser vertragen. Vata muss auf die Menge achten, aber das ist generell sein

Problem. Die meisten Sorten außer Mungdal blähen ihn.

Kichererbsenpüree

Portion: für 4 Personen

Zubereitungszeit ca. 45 – 50 Minuten

½ Becher Kichererbsen oder Chana-Dal
3-4 EL helles Sesammus (Tahin)
Saft ½ Limone
2 EL Olivenöl
1 gepresste Knoblauchzehe
Pfeffer
Salz

Kichererbsen waschen und über Nacht einweichen. Genügend Wasser hinzugeben, da die Hülsenfrüchte sehr stark aufgehen.
Einweichwasser abgießen. Kichererbsen mit 1 Becher Wasser im Schnellkochtopf weich kochen, ca. 20 Minuten. Oder im Topf mit 2-3 Bechern Wasser eine gute Stunde kochen.
Wenn die Kichererbsen weich sind, die restlichen Zutaten untermischen und fein pürieren.

Einfach köstlich und besonders gut für Kapha. Aber auch für Pitta. Vata sollte mit der Menge vorsichtig sein. Er kann von allen Typen Kichererbsen am wenigsten vertragen.

XX

Dalsuppe

Portion: für 4 Personen

Zubereitungszeit ca. 25 – 30 Minuten

1 Tasse Mungdal
3-4 Tassen Wasser
1 TL Kurkuma (Gelbwurzpulver)
2 gestrichene TL Curryblätter
1 MSP Asafötida (Hing)
1 TL schwarzes Steinsalz

Dal waschen und in einen Topf geben.
Wasser, Kurkuma (Gelbwurzpulver), Curryblätter und Asafötida hinzugeben und zum Kochen bringen.
Bei mittlerer Hitze gut weich kochen. Erst salzen, wenn der Dal weich ist.
Eine Dalsuppe ist leicht zu verdauen und gleichzeitig nährend und stärkend. Einfach phantastisch und so leicht in der Zubereitung. Dal liefert uns wertvolle Proteine und wir können mit Hilfe von Hülsenfrüchten ganz wunderbar Fleisch und ggf. Fisch ersetzen. Seit über zwanzig Jahren bin ich Vegetarierin. Gelegentlich trinke ich Milch und esse nur wenig Käse, auch Eier verspeise ich höchst selten. Mit Dal komme ich sehr gut ohne diese Produkte aus und fühle mich gut.

Vegetarische Aufstriche

Tomatenpaste mit Ricotta

Portion: für 4 Personen

Zubereitungszeit 5 - 10 Minuten

50 g getrocknete Tomaten
1 Packung Ricotta
1 gestrichenen TL getrocknetes Basilikum
grüner Pfeffer

Alle Zutaten miteinander pürieren und mit Pfeffer abschmecken.

Tomatenpesto mit Basilikum

Portion: für 4 Personen

Zubereitungszeit 5 - 10 Minuten

50 g getrocknete Tomaten
100 ml Olivenöl
½ Bund frisches Basilikum
grüner Pfeffer

(Sehr trockene Tomaten vorher eine Stunde einweichen.)
Alle Zutaten miteinander pürieren und mit Pfeffer abschmecken.

Eine der beliebtesten Aufstriche auf Seminarbekochungen.

Ziegenkäsecreme mit Kresse

Portion: für 4 Personen

Zubereitungszeit 5 - 10 Minuten

Oliven
100 g Ziegenkäse
100 g Kresse
50 g getrocknete Tomaten
etwas Olivenöl

Alle Zutaten miteinander pürieren.

Rucolapesto mit Sonnenblumenkernen

Portion: für 4 Personen

Zubereitungszeit 10 – 15 Minuten

4 EL Sonnenblumenkerne
125 g Rucola
2-4 EL Olivenöl je nach Geschmack
Zitronensaft, Pfeffer, Chili, Salz
etwas Olivenöl

Sonnenblumenkerne in der Pfanne anrösten.
Rucola waschen.
Olivenöl in einer Pfanne erwärmen und Rucola wenige Minuten dünsten.
Beide Zutaten mischen und pürieren.
Das Pesto schmeckt auch ohne Sonnenblumenkerne oder an Stelle der Kerne mit gemahlenen Mandeln. Dann ist das Pesto allerdings schwerer.

Getränke

Mandeltrunk

Portion: für 4 Personen

Zubereitungszeit 5 - 10 Minuten

1 EL weißes Mandelmus
1 L Wasser
¼-½ TL Rosenwasser
¼ TL Bourbon-Vanille
je nach Geschmack 1-2 EL Ahornsirup oder Honig

Alle Zutaten miteinander mixen. Fertig.
Mandeltrunk ist eine köstliche Nervennahrung für Vata. Auch Vata und Pitta können ihn in Maßen vertragen. Mit Ahornsirup ist das Getränk gut für Vata und Pitta. Kapha sollte am Besten einen herben Honig zum Süßen nehmen.

Nahrungsmittelkunde

Energetik und Wirkung

Äpfel

Energetik: süß und/oder sauer, adstringierend, Vipaka scharf, Virya kühlend. Äpfel sind ein gutes Obst für Pitta und Kapha. Für Vata eignen sie sich nur geschält, gedünstet und gewürzt. Dann sind Äpfel für Vata neutral. Die Schale ist schwer zu verdauen und bläht Vata. Äpfel enthalten Pektine und sind daher stuhlbindend. Sie können gut gegen Durchfall, Entzündungen, Cholesterin, Athritis, Herpes, Sodbrennen und Fieber eingesetzt werden.

Aprikosen

Energetik: süß, gelegentlich sauer, Vipaka süß, Virya erhitzend. Aprikosen reduzieren Vata, sind im Übermaß verzehrt jedoch Pitta und Kapha erhöhend. Sie sind gut für Haut, Muskeln und das Nervensystem und helfen bei Verstopfung.

Artischocke

Energetik: bitter, Vipaka scharf, Virya kühlend. Die Artischocke verstärkt Vata und gleicht Pitta und Kapha aus. Sie ist sehr gut für den Magen und Galle. Es lohnt sich sie regelmäßig in den Speiseplan zu integrieren.

Aubergine

Energetik: scharf, adstringierend, bitter, Vipaka scharf, Virya erhitzend. Für Pitta sind sie deshalb ungeeignet. Bei Vata und Kapha wirkt das Gemüse ausgleichend und hilft den Appetit zu steigern und den Darm zu reinigen.

Bananen

Ernergetik: süß, adstringierend, Vipaka sauer, Virya erhitzend. Sie erhöhen Pitta und Kapha und reduzieren Vata, außer sie sind unreif. Sie nähren Muskel-, Fett-, Nerven- und Fortpflanzungsgewebe, wirken aphrodisierend, stärkend und machen schwer. Nach dem Verzehr von Bananen sollte für eine Stunde nichts getrunken werden. Bei Beschwerden wie Fieber, Übelkeit oder Husten mit Schleim sollten sie nicht mit Milch oder Joghurt verzehrt werden.

Bittermelone

Energetik: bitter, Vipaka scharf, Virya kühlend, Eigenschaft leicht. Beruhigt Kapha und Pitta, erhöht jedoch Vata. Sie ist besonders gut bei Diabetes, Würmern, Parasiten, fettreduzierend und leberreinigend.

Blumenkohl

Energetik: adstringierend, Vipaka scharf, Virya kühlend. Ein exzellentes Gemüse für Pitta und Kapha, aber nur bedingt für Vata geeignet. Er ist reich an Vitaminen und Mineralien und wird in der Ayurveda Encyclopedia als das Beste Krebs bekämpfende Gemüse bezeichnet.

Brokkoli, s. Kohl

Brombeere

Energetik: süß, sauer, adstringierend, Vipaka scharf Virya kühlend. Reduziert Pitta und Kapha, erhöht Vata.

Chicorée

Energetik: bitter, Vipaka scharf, Virya kühlend.
Chicoree sollte Vata nur warm und in einer Öl-Sauce verzehren, da er Vata stark erhöht. Trotzdem sind auch für Vata Bitterstoffe in geringen Mengen

Cranberries

Energetik: sauer, adstringierend, Vipaka scharf, Virya erhitzend. Sie sind Kapha und Vata ausgleichend und Pitta erhöhend. Sie sind reich an Vitamin C. Cranberrysaft mit Zucker sollte vermieden werden.

Datteln

Energetik: süß, Vipaka süß, Virya kühlend. Erhöhen Kapha, gleichen Pitta aus und besänftigen durch ihre schweren Eigenschaften Vata. Getrocknete hingegen erhöhen Vata. Sie sind ein Aphrodisiakum, energetisieren und nähren. Sie geben Stärke und haben eine mild abführende Wirkung.

Feigen

Energetik: süß, adstringierend, Vipaka süß, Virya kühlend. Ihre kalten, schweren und nährenden Eigenschaften erhöhen Vata und Kapha. Pitta kann sie gut verzehren. Feigen enthalten viel Eisen und sind exzellente Blutbildner. Sie enthalten mehr Calcium als Milch. Feigen zu kauen stärkt Zähne, Zunge und Gaumen.

Fenchel

Energetik: süß, Vipaka süß, Virya Neutral. Fenchel ist durch seine aromatischen Öle, die er enthält sehr gut für Vata. Aber auch sehr gut für Pitta und Kapha.

Getreide

Energetik: süß, Vipaka süß, Virya neutral. Die meisten Sorten nähren und stärken den Körper und liefern leicht verwertbare Brennstoffe.

Gerste

Energetik: süß, adstringierend, Vipaka süß, Virya kühlend. Sie hat trockene Eigenschaften was Kapha ausgleicht und, im Übermaß verzehrt, Vata erhöht. Sie reduziert Fett und Schleim, stimuliert die Leber und Lymphe.

Ghee (geklärte Butter)

Energetik: süß, Vipaka süß, Virya kühlend, ist Vata und Pitta reduzierend und leicht Kapha erhöhend. Im richtigen Maße verzehrt ist Ghee gut für alle Doshas. Sollte bei Ama nicht zuviel verwendet werden.

Granatapfel

Energetik: süß, sauer, adstringierend, Vipaka scharf, das Virya von sauren Granatäpfeln ist erhitzend und süße wirken kühlend. Er ist gut für Verdauung, Geist und Herz.

Grapefruit

Energetik: sauer, Vipaka sauer, Virya erhitzend. Daher sind sie vor allem Pitta und leicht Kapha erhöhend, jedoch Vata reduzierend. Sie stimulieren Leber und Bauchspeicheldrüse, schützen die Arterien und enthalten reichlich Vitamin C.

Grüne Bohnen

Energetik: süß, adstringierend, Vipaka scharf, Virya kühlend. Ein zu hoher Verzehr erhöht Vata, sie blähen und verstopfen. Für Störungen von Pitta sind sie gut.

Grüne Erbsen

Energetik: bitter, adstringierend, Vipaka scharf, Virya kühlend. Vata kann davon nur eine kleine Menge, sehr gut gekocht und mit einer Extraportion Ghee vertragen. Für Pitta und Kapha sind sie gut.

Gurke

Energetik: süß, bitter, Vipaka süß, Virya kühlend. Wegen ihrer kalten und schweren Eigenschaften sollte Vata das Gemüse nur warm und ggf. ohne Schale verzehren. Sie erhöht Kapha und besänftigt Pitta.

Haferflocken

Energetik: süß, Vipaka süß, Virya kühlend. Getrocknete sind Vata und Pitta verstärkend aber Kapha reduzierend, doch gekocht in Form von Porridge wirken Haferflocken auf beide Doshas ausgleichend, während Kapha dann verstärkt wird.

Heidelbeere

Energetik: süß, adstringierend, Vipaka süß, Virya kühlend.
Kapha und Vata wird durch sie erhöht, Pitta reduziert.

Hirse

Energetik: süß, Vipaka süß, Virya kühlend. Ihre leichten und trockenen Eigenschaften verstärken Vata und reduzieren Kapha, der Süße Geschmack und das kühlende Virya reduzieren Pitta.

Honig

Energetik: süß, adstringierend, Vipaka süß, Virya kühlend. Die cremigen Sorten reduzieren Vata, während die herberen wie Wald-, Thymianhonig etc. für Kapha das beste Süßmittel sind.

Joghurt

Energetik: sauer, Vipaka scharf, Virya erhitzend. Joghurt regt den Appetit an, blockiert jedoch die Leitungsbahnen (Srotas) des Körpers. Deshalb sollte Joghurt nur in kleinen Mengen verzehrt und bei Stoffwechselschlacken (Ama) ganz weggelassen werden.

Karotten

Energetik: süß, bitter, scharf, Vipaka scharf, Virya erhitzend.
Im Übermaß erhöhen sie Pitta, besänftigen aber Vata und Kapha. Sie sind gut für Augen, Blut und Hirn.

Kartoffel

Energetik: süß, adstringierend, Vipaka süß, Virya kühlend. Für Pitta ein ideales Gemüse. Vata sollte nur wenig mit einer extra Portion Ghee oder Öl essen.

Kastanie / Marone

Energetik: süß, vipaka süß, virya kühlend. Daher stärken Maronen das Kapha-Dosha und eignen sich sehr Pitta und Vata auszugleichen. Sie sind nährend und stärkend. Sie enthalten hochwertiges Eiweiß und viele basische Stoffe durch ihren hohen Gehalt an Mineralien. Ebenso stärken sie die Nerven auf Grund ihrer Phosphoranteile und B-Vitamine. Sie zählen zu den Nüssen, sind aber im Vergleich zu diesen kalorienarm denn sie enthalten weniger Fett als diese. Sie sind leicht zu verdauen und enthalten Aminosäuren die das Einschlafen fördern. Das Kalzium der Maronen ist gut für Knochen und Zähne. Zusätzlich überzeugen Maronen mit einem hohen Gehalt an Vitamin C.

Kichererbsen

Energetik: süß, adstringierend, Vipaka süß, Virya kühlend. Sie haben einen hohen Nährstoffgehalt und reduzieren Pitta und Kapha. Für Vata sind sie wegen ihrer trockenen und kalten Natur ungeeignet.

Kirschen

Energetik: süß, sauer und adstringierend, Vipaka süß, Virya erhitzend. Süßkirsche reduziert Vata und erhöht Kapha, während die Sauerkirsche Pitta erhöht. Kirschen helfen bei geistiger Erschöpfung und Stress und wirken tonisierend auf das Herz. Sie sind blut- und plasmabildend und blutreinigend.

Khitchari

Energetik: süß, Vipaka süß, Virya kühlend.
Kitchari ist ein Gericht, das aus Reis, Mung Dal und Gemüse besteht. Es ist eine exzellente Eiweiß-Kohlenhydrate Kombination und eignet sich für jeden. Das Gericht ist leicht zu verdauen, stärkt, nährt alle Gewebe, gibt Vitalität und beugt zudem Alterungsprozessen der Zellen vor. Es ist eine besonders gute Kost für eine Monodiät oder bei Reinigung bzw. Entgiftung. Proportion: 2 Teile Reis und 1 Teil Dal.

Kohl

Energetik: bitter, scharf, adstringierend, Vipaka scharf, Virya kühlend. Er macht leicht und trocken, kann aber je nach Typ Verstopfung und Gase verursachen. Seine mild harntreibende Wirkung macht ihn besonders verträglich für Kapha.

Kohlrabi s. Kohl

Kokosnuss

Energetik: süß, Vipaka süß, Virya kühlend. Ihre Eigenschaften sind schwer und ölig. Sie ist sehr gut für Pitta, gut für Vata und in Maßen für Kapha geeignet.

Kürbis

Energetik: süß, Vipaka süß, Virya kühlend. Kürbis ist Vata ausgleichend, Pitta und Kapha verstärkend.

Löwenzahngemüse

Energetik: bitter, Vipaka scharf, Virya kühlend. Löwenzahn ist ganz hervorragend geeignet um Pitta auszugleichen, aber auch um Kapha zu reduzieren. Am wenigsten eignet sich das Gemüse für Vata, da Vata stark durch den Verzehr beeinträchtigt wird.

Mais

Energetik: süß, Vipaka süß, Virya erhitzend. Seine sehr trockenen aber auch leichten Qualitäten machen ihn im Übermaß für Vata und Pitta unzuträglich. Die Schale ist schwer zu verdauen, deshalb ist Mais auch für Kapha nicht so gut geeignet.

Mandeln

Energetik: süß, Vipaka süß, Virya erhitzend. Auf Grund ihrer Öligkeit und Schwere reduzieren sie Vata, erhöhen im Übermaß jedoch Kapha und Pitta. Sie liefern wertvolle Eiweißstoffe und nähren Nerven, Herz, Gehirn und Knochen. Sie sind gut bei Konzentrationsmangel und Schlafstörungen und enthalten viel Magnesium.

Mango

Energetik: Die gelben reifen schmecken süß, ihr Virya ist heiß. Grüne unreife hingegen schmecken sauer und adstringierend. Vipaka ist scharf und Virya ist kühlend. Sie reduzieren Vata und Pitta, erhöhen Kapha. Sie vitalisieren und stärken.

Milch

Energetik: süß, Vipaka süß, Virya kühlend. Sie sollte nur warm getrunken werden und darf nicht mit sauer, salzig, Knoblauch, Fisch und Obst kombiniert werden. Sie reduziert Pitta und Vata und erhöht Kapha.

Mungbohnen

Energetik: süß und adstringierend, trocken, Vipaka süß, Virya kühlend. Sie sind gut für Kapha und Pitta. Sie eignen sich gut zur Gewichtsabnahme und bei erhöhter Temperatur. Vata sollte nur die geschälten, halbierten Linsen (Mung Dal) der Bohne verzehren.

Mung Dal

Energetik: süß, leicht, trocken, Vipaka süß, Virya kühlend. Er beruhigt vor allem Vata und Pitta, aber auch Kapha kann die Linse gut vertragen, ist leicht zu verdauen und stärkt. Von allen Sorten ist er die meistempfohlene Linsensorte und kann täglich verzehrt werden.

Okra

Energetik: süß, adstringierend, schleimig, Vipaka süß, Virya kühlend. Die Schoten sind kühl, weich und werden beim Kochen schleimig. Okra ist leicht zu verdauen und gut für alle drei Doshas, wobei Kapha diese Schoten mäßig verzehren sollte und geben Energie.

Pak Choi s. Kohl

Papaya

Energetik: süß, leicht sauer, Vipaka süß, Virya erhitzend. Sie reduziert Vata, erhöht aber Pitta und Kapha. Ihre laxative und stimulierende Wirkung hilft bei Verdauungsproblemen.

Paprika

Energetik: süß, adstringierend, Vipaka süß, Virya kühlend. Vata und Kapha können dieses Gemüse am wenigsten vertragen. Das Gemüse ist schwer zu verdauen und erzeugt häufig starkes Aufstoßen. Gut ist ihr hoher Vitamin-C Gehalt.

Pflaumen

Energetik: sauer, Vipaka sauer, Virya erhitzend. Pflaumen sind auf Grund ihrer Energetik am besten geeignet um Vata auszugleichen. Vor allem frische, getrocknete wiederum verstärken Vata und müssen unbedingt vor dem Verzehr eingeweicht werden.

Pistazien

Energetik: süß, ölig, schwer, Vipaka süß, Virya erhitzend. Sie wirken aphrodisierend und stärkend. Sie reduzieren Vata, erhöhen Kapha und Pitta.

Radicchio

Energetik: bitter, Vipaka scharf, Virya kühlend. Radichio ist vor allem Pitta ausgleichend, aber auch Kapha. Vata wird verstärkt und soll daher von Vata-Konstitutionen nur sehr selten und wenig verzehrt werden.

Reis

Energetik: süß, Vipaka süß, Virya kühlend. Er nährt und baut auf. Generell wird im Ayurveda Basmati verwendet. Dieser eignet sich ganz vorzüglich für Vata und Pitta und in Maßen für Kapha. Roter Reis ist für alle drei Doshas geeignet, während brauner Reis am schwersten zu verdauen ist. Diese Sorte erhitzt und erhöht Pitta, seine schweren Qualitäten erhöhen Kapha.

Reisflocken

Energetik: süß und leicht, Vipaka süß, Virya kühlend. Sie werden gerne morgens für die Zubereitung eines Frühstückbreis verwendet und sind für alle drei Doshas empfehlenswert.

Rettich

Energetik: scharf, Vipaka scharf, Virya erhitzend. Er reduziert Kapha und ist gut für Herz, bei Nierensteinen, gegen Verstopfung sowie Hämorrhoiden und wirkt diuretisch. Vata und Pitta werden durch einen zu häufigen Verzehr von Rettich erhöht.

Rhabarber

Energetik: sauer, adstringierend, Vipaka scharf, Virya erhitzend. Rhabarber ist Vata ausgleichend und hilft gegen Verstopfung. Pitta und Kapha werden verstärkt.

Rosenkohl s. Kohl

Rote Bete

Energetik: süß, Vipaka süß, Virya erhitzend. Im Übermaß erhöhen sie daher Pitta und Kapha. Für Vata ist sie sehr zu empfehlen. Sie ist blutbildend und ein Tonikum für das Blut.

Rote Linsen

Energetik: adstringierend, Vipaka scharf, Virya erhitzend. Roten Linsen eignen sich sehr gut für Kapha und erhöhen im Übermaß Pitta und Vata. Sie sind sehr eisenhaltig, ein guter Blutbilder und Leber reinigend.

Schwarzaugen-Bohnen (Urid, als Linsen Urid Dal)

Energetik: süß, schwer, Vipaka süß, Virya kühlend. Urid Linsen stärken. Sie bauen Gewebe auf, reinigen, nähren Muskel, Knochen und Fortpflanzungsflüssigkeiten, fördern Körperkraft und wirken aphrodisierend. Sie können in Maßen von Vata verzehrt werden. Für Pitta sind sie am Besten und Kapha sollten sie am Besten weglassen.

Schwarze Johannisbeere

Energetik: süß, Vipaka süß, Virya kühlend. Die Beere reduziert Pitta, erhöht Kapha und hat keine erhöhende Wirkung auf Vata.

Sellerie

Energetik: bitter, scharf, Vipaka scharf, Virya kühlend. Er ist Vata verstärkend und Pitta und Kapha reduzierend.

Sesam

Energetik: süß, bitter, adstringierend, Vipaka scharf, Virya erhitzend. Sesam fördert die Verdauung und stärkt. Vata wird durch seinen Verzehr besänftigt, Kapha und Pitta wird erhöht.

Sonnenblumenkerne

Energetik: süß und adstringierend, Vipaka süß, Virya kühlend. Die Kerne sind für alle drei Doshas geeignet. Sie sind reich an Vitamin B und D, senken die Blutfettwerte, sind gut für den Cholesterinspiegel und haben positive Wirkungen auf die Schilddrüse.

Spargel

Energetik: süß, bitter, Vipaka süß, Viraya kühltend Er ist ein Rasayana (Verjüngungsmittel), wirkt aphrodisierend, mild abführend, harntreibend und ist gut für Augen und Gehirn. Spargel gleicht alle Doshas aus.

Spinat

Energetik: adstringierend, sauer, rau, Vipaka süß, Virya erhitzend. Bei moderatem Einsatz ist das Gemüse gut gewürzt für Vata und Kapha verträglich. Seine Oxalsäure macht ihn für Pitta weniger bekömmlich. Außerdem ist er schwer zu verdauen, kann Blähungen verursachen, ist nicht gut für Menschen mit Nieren- und Gallensteinen, Arthritis und Ödemen.

Spitzkohl s. Kohl

Süßkartoffel

Energetik: süß, Vipaka süß, Virya kühlend. Süßkartoffel ist ein sehr schönes Gemüse für Vata und Pitta. Kapha kann die Kartoffel gelegentlich verzehren.

Tapioca

Energetik: süß und adstringierend, trocken, leicht, Vipaka süß, Virya kühlend.
Sie beruhigt Pitta und Kapha, ist jedoch Vata erhöhend. Die Speise ist gut für Fastentage oder zum Frühstück geeignet, sollte allerdings nicht mit Getreide kombiniert werden.

Tofu

Energetik: adstringierend, süß, kühl, schwer, Vipaka süß, Virya kühlend. Pitta kann Tofu gut vertragen. Vata nur gelegentlich, da Tofu schwer verdaulich ist. Kapha sollte ihn nur selten essen.

Tomaten

Energetik: sauer, Vipaka scharf, Virya erhitzend. Sie erhöhen Pitta und Ama (unreines Blut, Stoffwechselschlacken). Generell sollten Menschen mit Nieren-, Gallensteinen und Gicht Nachtschattengewächse aus ihrem Speiseplan streichen.
Das Enthäuten von Tomaten geschieht folgendermaßen: Die Haut der Tomaten anritzen und mit kochendem Wasser übergießen. Nach ein paar Minuten lässt sich die Haut ganz leicht abziehen.

Toor Dal

Energetik: adstringierend, süß, Vipaka scharf, Virya erhitzend. Daher beruhigt Toor Dal in Maßen Vata und Kapha, erhöht aber Pitta. Er stärkt Muskeln, ist gut für Haut, Augen, Knochen und Gelenke und er ist blutbildend.

Trauben

Energetik: Grüne Trauben sind sauer, Vipaka scharf, Virya erhitzend. Sie sind Vata reduzierend und Pitta und Kapha erhöhend.
Rote oder schwarze Trauben dagegen sind süß, Vipaka süß, Virya kühlend. Sie reduzieren Pitta, in Maßen auch Vata, erhöhen jedoch Kapha.
Der Ayurveda sagt, dass Trauben die besten aller Früchte sind und sie helfen sofort gegen zu großen Durst, sind gut bei Entzündungen, brennenden und sauren Empfindungen, chronischer Bronchitis, Fieber und einigen weiteren Beschwerden. Sie sind sehr vitamin-, mineralien- und eisenhaltig, nähren das Blut, harmonisieren den Magen und stimulieren die Leber.

Urid Dal (s. Schwarzaugen Bohnen)

Weizen

Energetik: süß, kalt, ölig, schwer, Vipaka süß, Virya kühlend. Er ist reich an Nährstoffen, aphrodisierend, belastet jedoch im Übermaß die Verdauung. Er reduziert Vata und erhöht Kapha.

Zucchini

Energetik: süß, leicht bitter. Zucchini verstärkt keines der drei Dosha und ist für alle sehr gut zu verdauen.

Zwiebeln

Energetik: roh sind sie scharf, gekocht süß, feucht, ölig, Vipaka scharf, Virya kühlend. Nicht jeder kann sie vertragen und am Besten ist sie dann in gekochtem Zustand zu verzehren. Sie aphrodisiert, verleiht Stärke und fördert den Appetit.

Gewürz- und Kräuterkunde

Ajwain

(Lovage Seeds, Liebstöckelsamen, Selleriesamen, Königskreuzkümmel)
Seine Geschmacksrichtungen sind scharf und bitter. Das Virya ist erhitzend. Deshalb reduziert dieses Gewürz Vata und Kapha, erhöht jedoch Pitta. Es regt Appetit und Verdauung an, löst Krämpfe und Blähungen im Darm. Seinen Einsatz findet Ajwain bei schwer verdaulichen Gerichten wie Kichererbsen, Bohnen, Weizenmehl, aber auch zu Gemüse.
Die Samen erhalten Sie beim Asiaten, Gewürzversand, in Gewürzgeschäften oder auf Wochenmärkten.

Anis

Anis schmeckt süß, bitter und scharf. Wie Ajwain erhitzt es den Körper und ist daher Pitta erhöhend, während die beiden anderen Doshas reduziert werden. Häufig wird Anis in Süßspeisen verwendet, Reisgerichte schmecken damit ebenso gut. Anis beruhigt die Nerven, regt den Appetit an, lindert Blähungen, entgiftet und entwässert den Körper.

Asafötida (Hing)

Durch seinen intensiven Geruch auch als Stinkasant oder Teufelsdreck bezeichnet, zählt das Harz zu den bitter, scharf und zusammenziehend schmeckenden Gewürzen. Es hat leichte und ölige Eigenschaften und erhitzt den Körper. Wie viele verdauungsfördernde Gewürze wirkt es Pitta und Agni erhöhend und Kapha und Vata reduzierend. Vor allem Vata profitiert von ihm. Die Gallenflüssigkeit vermehrt sich durch seinen regelmäßigen Genuss und die Darmflora wird gestärkt. Die Verdauung wird gefördert und Blähungen werden gelindert. Sehr gut eignet sich Asafötida bei Hülsenfrüchten, Kohlgerichten, Paprika, Pilzen und anderem schwer verdaulichem Gemüse.
Im asiatischen Handel bekommen Sie Hing auch als „Yellow Powder“ in Pulverform, aber leider nicht in reiner Form. Beim Gewürzversand erhalten Sie eine bessere Qualität z.B. Bockshornklee mit Hing gemischt ohne weitere Zusätze.

Basilikum

Basilikum ist auch in unseren Regionen ein sehr beliebtes Gewürzkraut. Es schmeckt leicht bitter, scharf, süß und zusammenziehend. Sein Vipaka ist scharf und es wirkt erhitzend. Pitta und Agni werden durch reichlichen Genuss erhöht und Vata und Kapha reduziert. Die Wirkungen von Basilikum auf den Köper kommen besonders Kapha zu Gute. Es reduziert Trägheit und Lustlosigkeit. Bei Erkältung beseitigt es überschüssiges Kapha aus dem Körper. Außerdem werden das Nervengewebc und die Gedächtnisleistung gekräftigt.

Beifuß

schmeckt sehr bitter. Für Kapha und Pitta ein super Gewürz, aber nicht für Vata.
Sie finden ihn in Gewürzgeschäften oder auf Wochenmärkten.

Bockshornklee

auch unter dem Namen Methi bekannt, sind kleine, eckige, bräunliche Samen die bitter, scharf und süß schmecken. Verwendet werden Blätter, Samen oder Pulver, die den Körper erhitzen. Bockshornklee ist besonders Vata-Menschen zu empfehlen, die er kräftigt. Aber auch Kapha genießt seine Vorteile, da er den Stoffwechsel, die Verdauung und Bauchspeicheldrüsenfunktionen belebt. Salatsaucen gibt das Pulver einen interessanten Geschmack.
Auch dieses Gewürz erhalten Sie beim Asiaten, beim Gewürzversand, im Reformhaus, in Naturkostfachgeschäften oder auf Wochenmärkten.

Borretsch

Die lila Blüten des Borretsch sehen im Sommer sehr schön aus. Sie erfreuen nicht nur das Auge, sondern aktivieren bei regelmäßigem Genuss die gesamte Herzgegend. Meinem Opa habe ich Borretschöl selbst hergestellt, das er oft über seinem Herzen aufgetragen hat. Er fand das immer sehr wohltuend. Sowohl Blätter als auch Blüten erinnern an Gurken und seine Geschmäcke sind bitter und herb.

Chili

Jeder hat schon einmal Chili gekostet und weiß: Das schmeckt scharf! Außerdem erhitzt das Gewürz den Körper in starkem Maße und manche reagieren beim Verzehr mit sofortigem Schweißausbruch. Es erhitzt den Körper sehr stark. Dafür wirkt Chili antibakteriell und kreislaufanregend.

Cumin (s. Kreuzkümmel)

Curry

Curry besteht aus den unterschiedlichsten Gewürzmischungen und kann daher geschmacklich stark variieren. Die Geschmacksnuancen schwanken von leicht bis sehr scharf. Testen Sie deshalb vor dem Einsatz den Geschmack.

Curryblätter

haben einen leicht bitteren Geschmack und werden gerne zum Würzen von Dalsuppen, aber auch Gemüsegerichten verwendet. gibt es in indischen Lebensmittelgeschäften oder beim Gewürzversand zu kaufen. Die getrockneten Blätter haben einen leicht bitteren Geschmack und werden oft zum Würzen von Dalsuppen, aber auch leichten Gemüsegerichten verwendet. Die Curryblätter können statt Lorbeerblättern eingesetzt werden. Allerdings können sie im Gegensatz zu Lorbeerblättern mitgegessen werden.

Dill

ist nicht nur für Gurkensalat geeignet. Zum Schluss über ein Gemüsegericht gestreut schmeckt er hervorragend. Das Kraut hat einen bitteren und scharfen Geschmack und wirkt kühlend. Daher ist das Gewürz ganz besonders Pitta zu empfehlen. Es erhöht Vata und Agni, entkrampft, löst Blähungen und fördert die Menstruation.

Estragon

Viele Kräuter schmecken bitter und scharf und so auch Estragon. Estragon hat ein scharfes Vipaka und erhitzt den Körper. Es stabilisiert und ist harntreibend. Es ist reich an Mineralien, regt die Verdauung an und entkrampft. Wie Dill fördert Estragon die Menstruation. Gerne verwende ich Estragon in Salatsaucen.
Estragon lässt sich im Sommer hervorragend im Topf selbst ziehen und passt hervorragend zu Salaten. Oder Sie kaufen Estragon in getrockneter Form in asiatischen Geschäften, Naturkostfachgeschäften, Reformhäusern oder auf Wochenmärkten.

Fenchel

ist eines der wenigen Gewürze, das süß und zusammenziehend schmeckt. Auch sein Vipaka ist süß und es kühlt den Körper, wodurch sowohl Samen als auch Pulver sehr gut für Pitta sind. Seine Wirkungen sind: verdauungsfördernd, krampflösend, antibiotisch, diuretisch und entzündungshemmend.

Galgant

schmeckt dem Ingwer sehr ähnlich, ist jedoch milder im Geschmack. Deshalb kann Ingwer auch durch Galgant ersetzt werden oder umgekehrt. Galgant ist weniger Pitta erhöhend als Ingwer und eignet sich für diesen Typ an Stelle von Ingwer.
Sie erhalten Galganz, wie Ingwer, als Wurzel oder in pulverisierter Form. Er ist in asiatischen Lebensmittelgeschäften zu finden.

Garam Masala

ist eine Gewürzmischung aus Zimt, Nelke, Kardamom, Pfeffer, Kreuzkümmel und Koriander. Sein Geschmack ist zusammenziehend und scharf. Die Gewürzkombination hat ein heißes Virya und wärmt den Körper angenehm. Häufig nehme ich Garam Masala für Hülsenfrüchte, aber auch gerne für Gemüsegerichte.
Garam Masala können Sie in asiatischen Lebensmittelgeschäften oder beim Gewürzversand kaufen.

Frischer Ingwer

Ingwerwurzel schmeckt vor allem scharf, aber auch süß, adstringierend und bitter. Das Vipaka ist allerdings süß. Gerne wird Ingwer sowohl bei Süßspeisen als auch herzhaften Gerichten verwendet. Ingwer verbessert das Verdauungsfeuer und ist nur leicht Pitta erhöhend. Die Wurzel verhindert das Ansammeln von Schlacken, erhöht die Speichelbildung, reduziert Übelkeit, auch Reiseübelkeit und leitet Toxine aus dem Darm. Gleichzeitig stärkt es die Leber und die Abwehr, regt den Appetit an und verdünnt das Blut.

Ingwerpulver

hat ähnliche Wirkungen wie die frische Ingwerwurzel. Für Pitta ist das Pulver jedoch weniger zu empfehlen, da das Vipaka hier scharf ist. Vata sollte auf Ingwerpulver auf Grund seiner stark trockenen Komponente verzichten. Kapha darf gerne Ingwerpulver an Stelle der Wurzel einsetzen.

Kardamom

wird gerne in Süßspeisen verwendet oder für einen Gewürztee mitgekocht. Sein Geschmack ist süß und scharf und sein Vipaka ist süß. Im Übermaß konsumiert, wirkt es erhitzend und leicht Pitta erhöhend. Ansonsten ist es Vata und Kapha reduzierend. Verwendet werden die Samen in den Kapseln und gelegentlich auch das Pulver. Im Kaffee gleicht das Gewürz dessen säurebildende Eigenschaften aus. Seine Wirkungen sind: appetitanregend, harntreibend, hilft Leber und Darm zu entgiften und stärkt außerdem Herz und Milz.

Kerbel

schmeckt süßlich-würzig, ein wenig nach Anis. Das Kraut enthält ätherische Öle und Bitterstoffe und fördert daher die Verdauung. Hilft Niere, Blase und Haut und eignet sich hervorragend für eine Frühjahrskur.

Knoblauch

schmeckt scharf, bitter, zusammenziehend und süß. Seine Eigenschaften sind heiß und trocken. Menschen, die Yoga und Meditation praktizieren konsumieren ihn selten oder gar nicht, da sie glauben, dass er nicht nur den Körper sondern zusätzlich den Geist erhitzt. Allerdings sind die gesundheitlichen Wirkungen von Knoblauch nicht zu unterschätzen. Er wirkt aphrodisierend, blutdrucksenkend, blutbildend und schmerzstillend, außerdem antibakteriell und antimycotisch. Er ist gut bei Blähungen und Appetitlosigkeit und beugt Venenverkalkung vor.

Koriander

wird ganz, gemahlen oder als frische Korianderblätter angeboten. Gemörserte Koriandersamen haben einen pfeffrigen, zitronenartigen Geruch, den ich sehr gerne mag. Die Geschmacksrichtungen von Koriander sind süß, zusammenziehend, bitter und leicht scharf.

Das Gewürz ist sehr gut in scharfen Gerichten und für Pitta, da es eine kühlende und harmonisierende Wirkung auf Pitta hat. Er verbessert die Verdauung, regt den Appetit an, hilft Leber und Darm zu entgiften. Außerdem löst er Blähungen, wirkt harntreibend und fiebersenkend.

Sie erhalten Koriander in asiatischen Lebensmittelgeschäften, im Reformhaus, in Naturkostfachgeschäften oder beim Gewürzversand.

Kreuzkümmel (Cumin)

schmeckt bitter und zusammenziehend. Er ist nicht mit unserem einheimischen Kümmel zu vergleichen. Den meisten schmeckt Kreuzkümmel besser als unser Kümmel. Verwendet werden Samen und Pulver, die zwar die Verdauung fördern, den Körper jedoch kühlen und Agni reduzieren. Das Gewürz hilft Fett zu verdauen und stabilisiert die Darmflora. Zusätzlich wirkt es krampflösend, beruhigend und reinigend auf den Darm. Er lindert Blähungen und eignet sich daher sehr gut für Vatas, die ihn gerne in Curries, Reis- und Dalgerichten, Kohl- und Kartoffelgerichten verwenden.
Er wird in asiatischen Lebensmittelgeschäften oder beim Gewürzversand angeboten.

Kurkuma (Gelbwurzpulver)

hat unterschiedlichste Namen wie Gelbpulver, Gelbwurz und Turmerik oder Tumeric. Dieses Gewürz schmeckt adstringierend, bitter und scharf. Bei übermäßigem Gebrauch ist es Vata erhöhend. Für Pitta und Kapha ist das Pulver sehr geeignet. Es wirkt zwar erhitzend, jedoch gleichzeitig entzündungshemmend und antibiotisch. Außerdem hilft es Fett zu verbrennen und wirkt Stoffwechsel ausgleichend. Es reinigt das Blut und ist gut für Leber und Galle.
Wenn Sie vor dem Schlafen gehen eine heiße Milch trinken, sollten Sie immer Kurkuma hinzufügen. Das reduziert die schleimbildende Wirkung der Milch. Das Pulver bekommen Sie im Reformhaus, in Naturkostfachgeschäften, asiatischen Lebensmittelgeschäften oder beim Gewürzversand. Asiaten mit einer größeren Frischwarenabteilung führen auch die frische Wurzel.

Liebstöckel

ist auch unter dem Namen Maggikraut bekannt. Wenn Sie einen Maggiliebhaber in der Familie haben, ist dieses Kraut ein ganz vorzüglicher Ersatz. Die Blätter werden gehackt oder gemahlen als Pulver angeboten. Sie erhalten Liebstöckel im Reformhaus, in Naturkostfachgeschäften aber auch im normalen Lebensmittelgeschäft.

Lorbeerblätter

schmecken süß, scharf und bitter. Ihr Vipaka ist scharf und das Virya ist erhitzend. Sie erhöhen Pitta und Agni. Außerdem fördert Lorbeer die Verdauung, hilft bei Gasen in Magen und Eingeweiden, unterstützt das Schwitzen und reguliert den Blutzuckerspiegel und die Menstruation.

Majoran

ist neben Oregano durch die italienische Küche bekannt geworden. Frisch ist er im Sommer erhältlich und während des Rests des Jahres können Sie ihn in gerebelter Form fast überall kaufen. Der Geschmack ist scharf und adstringierend, Vipaka ist scharf und sein Virya erhitzend. Eingesetzt wird er bei Erkältung, Grippe, schwacher Verdauung und Menstruation. In frischer Form wird er erst ganz zum Schluss in das Gericht gegeben und getrocknet kann er bereits früher mitgekocht werden.

Mangopulver

wird aus den frischen Früchten hergestellt. Ich verwende das Pulver gerne in Süßspeisen, wenn der Geschmack fruchtig, säuerlich sein soll. Es kann jedoch auch in Gemüsecurrys eingesetzt werden. Sie finden Mangopulver in asiatischen Lebensmittelgeschäften oder beim Gewürzversand.

Methia

Ist eine sehr wohlschmeckende, bereits fertige Gewürzmischung. Der Geschmack ist scharf. Sie können das Pulver beim Ayurveda-Versand bestellen. Methia kann man übrigens sehr gut im Gläschen zu Restaurants oder auf Feten mitnehmen, um ein fades Essen geschmacklich aufzuwerten.

Minze

ist ein ideales Gewürzkraut im Sommer. Das Virya ist kühlend und es schmeckt scharf, leicht bitter und süß. Minze ist zwar leicht Vata erhöhend, aber trotzdem gut für die Nerven. Gleichzeitig hilft Minze bei der Verdauung, bei Übelkeit, Völlegefühl, Blähungen, Durchfall, Krämpfen und ist gut für psychische, emotionale Verspannungen.

Muskat

Schmeckt süß, scharf und adstringierend. Das Vipaka ist scharf und Virya ist erhitzend. Muskat gleicht alle drei Doshas aus. Es wirkt stimulierend, aber auch beruhigend. Das Gewürz wird gerne bei Nervosität und Ängstlichkeit eingesetzt.
Das Gewürz wird nur sparsam verwendet. Dal, Kohlgerichte, aber auch Süßspeisen machen sich mit Muskat sehr gut.

Nelke

schmeckt vor allem scharf. Das Vipaka ist scharf und Virya ist erhitzend. Nelke reduziert Kapha und ist im Übermaß Pitta und Vata erhöhend. Es wird gerne gegen Blähungen und Übelkeit eingesetzt.
Das Gewürz ist sehr intensiv, daher wird es nur sparsam verwendet. Dal und Rotkohl, aber auch Süßspeisen und Kompott machen sich mit Nelke sehr gut.

Oregano

ist in Italien ein sehr beliebtes Gewürz. Der Geschmack ist sauer und adstringierend. Das Vipaka ist scharf und Virya erhitzend. Es soll zwar alle drei Doshas erhöhen, aber ist andererseits stimulierend und gut für die Verdauung. Am liebsten verwende ich Oregano in Gemüsegerichten.

Pfeffer

Die Geschmacksrichtung des Pfeffers ist eindeutig scharf. Seine Eigenschaften sind trocken, heiß und leicht rau und das Virya ist erhitzend. Er ist Vata und Kapha mindernd und Pitta und Agni erhöhend. Er wird eingesetzt bei Cholesterinproblemen und Übergewicht und er erhöht die Stoffwechseltätigkeit und die Speichelbildung. Er unterstützt die Verdauung und die Gesundheit von Herz und Lunge. Er ist gut gegen Würmer, reinigt den Darm und wirkt entzündungshemmend. Unterschieden wird schwarzer, roter, grüner, bunter und langer Pfeffer. Der schwarze ist am schärfsten und der grüne am wenigsten scharf. Für Pitta ist langer Pfeffer, genannt Pippali der Beste. Sie erhalten die verschiedenen Pfeffersorten in asiatischen Lebensmittelgeschäften, beim Gewürzversand oder auf dem Wochenmarkt. Pippali – der lange Pfeffer ist fast nur beim Ayurvedaversand zu bekommen.

Rosenblüten

Rosenblüten schmecken süßlich und kühlen Körper und Geist. Das macht sie besonders für Pitta wertvoll. Zudem wirken sie abführend und sind gut für Hirn, Herz und Leber.

Safran

Die Geschmäcke von Safran sind süß, bitter und scharf. Das Virya ist kühlend. Das Gewürz ist leicht Vata erhöhend und Pitta und Kapha ausgleichend. Safran hat aphrodisierende, antitoxische, blutstillende und entkrampfende Wirkungen. Er gibt eine gute Hautfarbe, wirkt aufbauend und fördert die Nährstoffaufnahme in den Geweben. Zusätzlich reguliert Safran unsere Leber- und Milztätigkeit und Menstruation.

Schabziger Klee

auch Blauer Steinklee, Blauer Bockshornklee oder Brotklee genannt, ist ein Sommergewächs. Er ist ein Schmetterlingsblütler und die frischen Pflanzenteile schmecken nach nichts. Getrocknet erinnern Geschmack und Geruch an Bockshornklee, er ist jedoch milder. Wie viele Gewürze wirkt er sich günstig auf die Verdauung aus. Es ist ein sehr altes Gewürz und wird heute in der Schweiz und in Österreich kultiviert. Dort wird er bei der Käseherstellung eingesetzt. In gemahlener Form finden Sie ihn im Reformhaus.

Schwarzer Kreuzkümmel (Kala Jeera)

ist feiner und dunkler, als der helle Kreuzkümmel. Da die Samen einen intensiveren aromatischeren Geschmack haben als der helle, sollten Sie ihn nur sparsam verwenden. Dieser Kümmel schmeckt leicht scharf. Im Gegensatz zum normalen Kreuzkümmel hat er erhitzende Wirkungen auf den Körper und erhöht unser Verdauungsfeuer. Er regt den Appetit an, wirkt entwässernd und blähungstreibend. Sie finden das Gewürz in asiatischen Lebensmittelgeschäften oder beim Gewürzversand.

Senfkörner/Senfsaat/Senfsamen

sind kleine runde schwarze Samen mit einem scharfen, senfähnlichen Geschmack. Senfsaat schmeckt scharf, bitter und zusammenziehend. Er hat heiße und ölige Eigenschaften und wirkt erhitzend. Er reduziert Vata und Kapha und erhöht Pitta und Agni. Er steigert die Blutzirkulation der Haut, ist gut gegen Würmer, fördert die Verdauung und wird gerne in kalten Jahreszeiten und Regionen eingesetzt. Im Ayurveda wird häufig die dunkle Senfsaat eingesetzt, aber auch die helle Senfsaat findet Verwendung. Die helle Senfsaat ist milder als der dunkle.

In Ghee angeröstet haben sie ein durchdringendes Aroma. Senfsamen werden bei Dal, Kohl- und Kürbisgerichten eingesetzt. Sie finden Senfsamen in asiatischen Lebensmittelgeschäften oder beim Gewürzversand.

Tamarinde

wird aus dem Fleisch der Schoten des Tamarindenbaumes gewonnen. Angeboten wird es als Paste im Block oder als fertiges Konzentrat. Tamarinde hat einen sauren, adstringierenden, scharfen, süßen Geschmack und wird deshalb bevorzugt in süß-sauren Speisen verwendet. Asiatische oder türkische Lebensmittelgeschäfte oder Gewürzversand bieten Tamarinde an.

Tandoori Masala

ist eine rotfarbene Gewürzmischung und kann sehr scharf sein. Sie wird normalerweise bei der Zubereitung von Steaks benutzt, aber ich nehme diese Mischung gerne als Ersatz für Chili, scharfes Paprikapulver oder Cayenne Pfeffer. Tandoori Masala finden Sie in asiatischen Lebensmittelgeschäften.

Thymian

Der Bruder des Majorans ist eine Mittelmeerpflanze und muss über den Winter abgedeckt werden. Die Geschmacksrichtungen von Thymian sind süß und bitter. Das Virya ist erhitzend. Er mindert Vata und Kapha und erhöht Pitta und Agni. Thymian ist schweißtreibend, wärmend, gut gegen Blähungen und Darmparasiten. Er regt den Appetit an und stärkt den Magen. Sie können ihn an Stelle von Majoran einsetzen. Er ist hier überall erhältlich und kann auch als Topfpflanze gezogen werden.

Wacholderbeeren

Wacholderbeeren schmecken scharf, bitter und süß. Er hat ein scharfes Vipaka und wirkt erhitzend. Wacholder wirkt Kapha reduzierend und ist ganz hervorragend gegen Wassersucht und Ödeme. Er fördert die Verdauung und stärkt das Immunsystem.

Zimt

Zimt ist ein ideales Gewürz für den Winter. Er wärmt und schmeckt süß, scharf und bitter. Vata und Kapha senkend und erhöht leicht Pitta und Agni. Er fördert die Verdauung, verbessert die Zirkulation und verdünnt das Blut. Zimt stimuliert das Herz, wirkt antiseptisch, entkrampfend, schleimlösend und regt die Speichelbildung an.

Warenkunde

Agavendicksaft

ist eine bernsteinfarbene Fruchtsüße. Geschmacklich ist sie sehr süß, aber neutral im Vergleich zu Ahornsirup. Agavendicksaft wird hauptsächlich zum Süßen von Speisen verwendet und ist im Reformhaus und in Naturkostgeschäften erhältlich.

Carobpulver

wird aus den Schoten des Johannisbrotbaumes gewonnen. Die Schoten werden getrocknet und zu feinem Pulver vermahlen. Carob wird statt Kakao verwendet und findet seinen Einsatz in Süßspeisen, Getränken oder zum Backen. Sie bekommen das Pulver in Naturkostfachgeschäften.

Chapatimehl

ist ein feines, weißes Mehl und für die Zubereitung von Chapatis am Besten geeignet. Sie finden das Mehl in indischen Lebensmittelgeschäften. Dort fragte ich einmal nach der Besonderheit dieses Mehles. Die Antwort lautete: „Chapatimehl wird für Chapatis verwendet und europäisches Mehl für Pizza." Ich konnte mir ein Lachen kaum verkneifen.

Jaggery (Palmzucker, Gur)

ist ein unraffinierter Zucker. Er wird aus dem eingekochten Saft des Zuckerrohres hergestellt. Sie finden Jaggery vor allem in indischen Lebensmittelgeschäften. Er ist als fester Klumpen erhältlich.

Kala Nimak (schwarzes Steinsalz)

Habe ich bis jetzt nur über den Ayurveda-Versand bekommen. Das Steinsalz enthält Schwefel und erinnert im ersten Moment an faule Eier. Der Geruch verschwindet auf Grund des flüchtigen Schwefels jedoch sehr schnell.

Kastanienmehl

ist vom Geschmack sehr süßlich. Es wird aus getrockneten Kastanien hergestellt, die süßer schmecken als frische. Das Mehl ist sehr fein und gibt Speisen etwas cremiges. Sie können Kastanienmehl in indischen Lebensmittelgeschäften oder im Naturkostladen kaufen.

Kichererbsen

sind sehr reich an Proteinen. Da sie sehr hart sind, sollten sie über Nacht eingeweicht und gut weich gekocht werden. Zu finden sind Kichererbsen im Reformhaus, Naturkostfachgeschäften oder asiatischen Lebensmittelgeschäften.

Kokoscreme

wird aus der Flüssigkeit des frischen Kokosfleischs hergestellt. Am Besten ist die Kokoscreme, die Sie in Blockform erhalten können. Sie wird ohne Zusätze angeboten, während manch andere Produkte auch Konservierungsstoffe etc. enthalten. Kokoscreme gibt es in asiatischen Lebensmittelgeschäften, beim Gewürzversand und manchmal in normalen Lebensmittelgeschäften.

Kokosmilch

wird ebenfalls aus der Flüssigkeit des frischen Kokosfleisches hergestellt. Da mir Dosen immer unsympathisch sind, bevorzuge ich die Kokosmilch im Tetra Pack. Manchmal nehme ich auch Kokospulver, das mit Wasser angerührt wird. Beides finden Sie in asiatischen Lebensmittelgeschäften.

Miso

ist eine salzige, fermentierte Sojapaste. Sie eignet sich auch an Stelle von Gemüsebrühe in klaren Suppen oder als Salzersatz. Angeboten wird die Paste in asiatischen Lebensmittelgeschäften, im Naturkostladen oder Reformhaus.

Mung Dal

ist die halbierte Version der Mungobohnen. Er wird in geschälter, gelber Form oder in ungeschälter, grüner Form angeboten. Der gelbe ist leichter zu verdauen als der grüne und je nach Verdauung vorzuziehen. Sie können Mung Dal in asiatischen Lebensmittelgeschäften oder beim Gewürzversand kaufen.

Mungobohnen

sind kleine, grünfarbene Bohnen, die heutzutage fast überall angeboten werden – im Reformhaus, in Naturkostfachgeschäften, asiatischen und inzwischen in normalen Lebensmittelgeschäften. Sie sollten wegen der Verdauung vor der Zubereitung auf alle Fälle eingeweicht werden.

Orangenblütenwasser

finden Sie bei Spinnrad oder im Feinkosthandel. Ich habe es einmal aus New York mitgebracht.

Papadam

sind Brotfladen, die aus Linsenmehl zubereitet werden. Sie sind fertig in asiatischen Lebensmittelgeschäften oder beim Ayurveda Versand zu finden. Es gibt sie in den verschiedensten Geschmacksrichtungen von mild bis sehr scharf.

Pastinake

war lange in Vergessenheit geraten. Sie ist ein sehr altes Gemüse und erlebt über Biohöfe ein Comeback in die Kochtöpfe der deutschen Hausfrauen. Verwendet wird hauptsächlich die Wurzel und sie ist durch ihre kurze Garzeit ein schnell zubereitetes Gemüse. Sie erhalten die Wurzel im normalen Lebensmittelgeschäft, auf Wochenmärkten und Biohöfen.

Roh-Rohrzucker

ist ein unraffinierter Zucker, der alle Mineralien, Vitamine und Spurenelemente des Zuckerrohres enthält. Der bekannteste ist der Rapadura-Zucker von Rapunzel. Es gibt ihn in Naturkostfachgeschäften.

Rote Linsen

sind inzwischen fast überall erhältlich. Gut sortierte, normale Lebensmittelgeschäfte führen dieses Produkt, aber vor allem Naturkostfachgeschäfte, Reformhaus und asiatische Lebensmittelgeschäfte. Sie sind von allen Hülsenfrüchten am schnellsten zuzubereiten und brauchen nur 20 Minuten.

Schwarzes Steinsalz (s. auch Kala Nimak)

hat eine rötliche grau-braune Farbe und einen schwefelhaltigen Geschmack. Nicht jeder mag dieses Salz. Ich liebe es und streue mir öfters eine zusätzliche Portion obenauf. Steinsalz unterstützt das Verdauungsfeuer und hat eine bessere Wirkung auf den Körper als Meersalz oder andere Salze. Im Vergleich zu diesen ist schwarzes Steinsalz nicht so stark Pitta und Kapha erhöhend. Wer das schwarze Steinsalz nicht mag, kann auch das helle verwenden. Beide Sorten gibt es in indischen Lebensmittelgeschäften oder beim Gewürzversand.

Sharkara

Ist ein Ayurveda-Zucker, der nach einem speziellen Verfahren hergestellt wird. Eine Kundin erzählte mir, dass Ihre Mutter kein Insulin spritzen muss, wenn Sie Sharkara verzehrt hat. Sie bekommen ihn über den Ayurveda-Versand oder auch über mich.

Tahin (Sesammus, Sesampaste)

wird aus Sesamsamen hergestellt. Sie können die Paste pur als Brotaufstrich nutzen oder in unterschiedlichsten Gerichten verwenden. Sie bekommen Tahin in asiatischen Lebensmittelgeschäften, im Reformhaus, in Naturkostläden oder beim Türken.

Index

Bibliographie

Swami Sadashiva Tirtha: The Ayurveda Encyclopedia – Natural Secrets to Healing, Prevention, & Longevity. 4. Aufl. 2004. Ayurveda Holistic Center Press, NY.

Martina Kobs-Metzger: Ayurvedaküche – leicht und schnell. 1. Auflage. Pala-Verlag, Darmstadt.

Prof. Subhash Ranade: Ayurveda – Wesen und Methodik, dt. Ausgabe. 1994. Karl F. Haug Verlag GmbH & Co., Heidelberg.

Kerstin Rosenberg: Das große Ayurveda-Buch, Gräfe und Unzer Verlag

Kobs-Metzger, Ayurveda aus der Wunderküche, editionhoch3 Verlag, Ellerbek, 1. Aufl. 2013.

Dr. Frank Ros: Geheimnisse ayurwedischer Akupunktur. Mit den drei Doshas, den fünf Elementen und den zwölf Energiekanälen ganzheitlich diagnostizieren und heilen. 1. Aufl. 1995. Windpferd Verlagsgesellschaft mbH, Aitrang.

Dr. Vinod Verma: Ayurveda der Weg des gesunden Lebens. Grundlagen, Methoden und Rezepte der altbewährten Heilkunst der Inder – für den Menschen des Westens nutzbar gemacht. Das ganzheitliche Gesundheitssystem. 2. Aufl. 1992. Scherz Verlag, Bern. Taschenbuchausgabe im Wilhelm Heyne Verlag GmbH & Co.KG, München.

Maya Tiwari: Ayurveda. A Life of Balance. The Complete Guide to Ayurvedic Nutrition & Body Types with Recipes. 1995. Healing Arts Press, Rochester, Vermont.

Amadea Morningstar: Gesund mit der Ayurveda Heilküche. Ernährung mit der Drei-Typen-Lehre des Ayurveda. Ein Gesundheitsbuch für Körper, Seele und Geist. Unsere Lieblingsgerichte nach ayurwedischen Prinzipien zubereitet. 1. Auflage 1996. Aitrang: Windpferd Verlagsgesellschaft mbH.

Dr. Vasant Lad/Dr. David Frawley: Die Ayurweda Pflanzen-Heilkunde. Das Yoga der Kräuter Anwendung und Rezepte ayurwedischer Pflanzenheilmittel. 4. Auflage 1995. Aitrang: Windpferd Verlagsgesellschaft mbH.

Vasant Lad: Selbstheilung mit Ayurveda, O.W. Barth bei Scherz Verlag

Usha Lad & Dr. Vasant Lad: Ayurvedic Cooking for Self-Healing. Second Edition 1997. The Ayurvedic Press, Albuquerque, New Mexico.

Hans-Heinrich Rhyner: Das Praxis Handbuch Ayurveda, Urania Verlag.

Petra und Joachim Skibbe: Ayurveda – Die Kunst des Kochens, vollwertig & individuell.

Tjerk Buishand: Knaurs großes Gemüsebuch. Gemüse und Kräuter aus dem eigenen Garten. Mit 400 Farbfotos, Tabellen und Zeichnungen. Ins Deutsche übertragen und bearbeitet von Herbert Duggen. 1. Auflage 1978. Droemersche Verlagsanstalt TH. Knaur Nachf. München/Zürich.

Swami Nityamuktananda: Secrets of the Great Five Elements. A Completely Revised Third Edition, Comwall 2005.

Adressen

Akademie für Komplementärmedizin
Ralph und Corina Steuernagel GbR
Louisenstrasse 74
61348 Bad Homburg v. d. H.
Tel: 0 61 72 – 68 46 47
Fax: 0 61 72 – 68 46 67
E-mail: info@steuernagel-akademie.de
Homepage: www.steuernagel-akademie.de

Himalaya-Institut für Yogawissenschaft und Philosophie
Osterstr. 172 b
20255 Hamburg
Tel: 0 40 – 43 27 33 58
E-mail: info@himalaya-institut.de
Homepage: www.himalaya-institut.de

pantarhei – Yoga in St. Georg
Ferdinand-Beit-Str. 7 b
20099 Hamburg
E-mail: info@pantarhei-hamburg.de
Homepage: www.pantarhei-hamburg.de

Thema Öle

Bruno Zimmer
Lebensmitteltechnische Produktion
Im Wallfeld
66649 Oberthal
Homepage: www.brunozimmer.de

Ayurveda-Portal
Natascha Höhn & Johanna Kriefall
Tel: 0 61 28 – 85 91 84
Homepage: www.ayurveda-portal.de

Ayus Publications e.K.,
Postfach 1416,
21251 Tostedt,
Tel: 04186-89588-89,
E-mail: info@ayurveda-journal.de

Verband Europäischer Ayurveda Therapeuten
E-mail: VDAT@ayurveda-forum.de

Thema Wasser

Sanquell GmbH, Wasser & Mehr,
Rodelberg 38a, 2
2955 Hoisdorf.

Versandadressen

Martina's Ayurveda-Shop
Otto-Speckter-Str. 61,
22307 Hamburg,
Tel 040 - 53270249.
E-mail: www.ayurveda-kochschule.de ,
info@ayurveda-kochschule.de

Ayurveda Handels GmbH
Neumann-Reichardt-Str. 27-33
22041 Hamburg
E-mail: info@ayurveda-handel.de
Homepage: www.ayurveda-handel.de

AMLA Natur GmbH
Butterberg 3,
21279 Drestedt,
E-mail: service@amla.de
www.ayurveda-marktplatz.de

Santulan Ayurved GmbH
Wörthstr. 13
81667 München
E-mail: office@santulan.com
Homepage: www.santulan.com

Kräuter Schulte
Schloßstr. 7
76593 Gernsbach
Tel: 0 72 24 – 38 76
E-mail: kraeuterschulte@AOL.com

Govinda Natur GmbH
Waldstr. 18
55767 Abentheuer
Tel 0 67 82 – 98 90 01
E-mail: info@gonvida-natur-gmbh.de
Homepage: www.govinda-natur-gmbh.de

Der Ayurveda-Shop
Helga Thum
Forsthausstr. 6
63633 Birstein-Obersotzbach
Tel 0 60 54 – 91 31 0
Homepage: www.mahindra-institut.de

Über die Autorin

Martina Kobs-Metzger, 1964 geb., aufgewachsen in Süddeutschland lebt heute in Hamburg. Seit 1997 ist sie ausgebildete Ayurveda Ernährungs- und Gesundheitsberaterin, leidenschaftliche Köchin und Inhaberin der Ayurveda Koch- und Ernährungsschule Cuisine Vitale.
Bereits in jungen Jahren hat sie sich mit verschiedenen Themen der Ernährung, des Lebensstils und der Wirkung von Gewürzen und Heilpflanzen auseinandergesetzt und Anfang 1996 die indische Ernährungs- und Gesundheitslehre kennen und lieben gelernt.
Sie selbst sagt: „Für mich ist die ayurvedische Ernährung und Lebensweise eine Form von Genuss und Gesundheit und verbindet die Themen, die mich schon immer fasziniert haben."
Mehrere Tausend Teilnehmer haben ihre Kurse und Seminare an Volkshochschulen und der Ayurveda Koch- und Ernährungsschule besucht.
Ihr Unterrichtsstil ist praxisnah und die theoretischen Inhalte sind leicht und einfach nachvollziehbar.

Weitere Informationen über die Autorin finden Sie im Internet auf der Homepage:

Ayurveda Koch- und Ernährungsschule Cuisine Vitale
Otto-Speckter-Str. 61,
22307 Hamburg
www.ayurveda-kochschule.de
http://www.facebook.com/Ayurveda.Koch.und.Ernaehrungsschule.CuisineVitale

Widmung

Dieses Buch widme ich meinem Mann Alexander; Margit Eres Kronenberghs, Schamanin der Curanderos; HP und Ayurvedaarzt des Instituts für Komplementärmedizin Ralph Steuernagel und seiner Frau Corina in Bad Homburg; Swami Anubhavananda, Philosoph und Meditationslehrer aus Indien; Swami Nityamuktananda, Lehrerin der Philosophie und Autorin des Buches „The Five Great Elements" aus Cornwall; meiner Familie in Süddeutschland; meinen Freunden; Dr. Shive Narain Gupta, Professor am J. S. Ayurveda College in Gujarat/Indien; Dr. Sujata Paranjapé, Ayurvedaärztin der Gynäkologie in Poona/Indien; Christa-Maria Gerigk, Leiterin des Mandala-Institutes; Kerstin und Mark Rosenberg, geschäftsführende Gesellschafter der European Academy of Ayurveda und allen Menschen mit Spaß und Freude am Kochen und einer natürlichen Ernährung und Lebensweise im Rhythmus der Natur.

